TRAUNER VERLAG

SCHULPRAXIS

CHRISTA KARNER

„Mein" Kompetenzprofil

**Eine Forschungsreise
in die eigene Kompetenzlandschaft**

Englische Übersetzung: Neil Stainthorpe MA

Deutsch
Englisch

Impressum

Schulpraxis

Christa Karner

„Mein" Kompetenzprofil

Eine Forschungsreise
in die eigene Kompetenzlandschaft

© 2012
TRAUNER
Verlag + Buchservice GmbH
4020 Linz, Köglstraße 14,
Österreich/Austria

Herstellung:
TRAUNER Druck GmbH & Co KG
4020 Linz, Köglstraße 14,
Österreich/Austria

ISBN 978-3-99033-071-5
www.trauner.at

CHRISTA KARNER

„Mein" Kompetenzprofil

**Eine Forschungsreise
in die eigene Kompetenzlandschaft**

Englische Übersetzung: Neil Stainthorpe MA

Vorwort

„Mein" Kompetenzprofil

Eine Forschungsreise in die eigene Kompetenzlandschaft

Es gibt viele Wege, eine gute Lehrperson zu werden und viele Arten, eine gute Lehrperson zu sein bzw. zu bleiben. Kaum ein Beruf zeigt ein derartig vielseitiges Anforderungsprofil und erfordert damit verbunden ein so weites Spektrum an Kompetenzen.

Gewisse grundlegende Persönlichkeitsmerkmale sind für den Lehrberuf sicher unentbehrlich, aber selbst sogenannte „begnadete Lehrer" sind kontinuierlich herausgefordert, ihre Handlungen, ihre Lehrtätigkeit, ihr Verhalten, ihre Einstellungen etc. laufend zu hinterfragen und gegebenenfalls zu verändern, um ein zufriedenstellendes Berufsleben führen zu können. *Lehren heißt lernen* – so lautet ein chinesisches Sprichwort oder es mit den Worten des Gehirnforschers Hüther (2007, S. 120) auszudrücken:

Wer nicht in seinen einmal eingefahrenen Bahnen der Wahrnehmung, der Empfindungen und der Erkenntnis stecken bleiben und seine Freiheit verlieren will, muß den schwierigen Weg wählen und versuchen, sich schrittweise auf den Stufenleitern der Wahrnehmung, der Empfindungen, der Erkenntnis und des Bewusstseins dem anzunähern, was ein menschliches Gehirn auszeichnet: die Fähigkeit, sich selbst immer wieder neu in Frage zu stellen.

Durch eine solche Denkhaltung und durch einen in diesem Geist geführten Lernweg können Lernende (Studierende, aber auch bereits ausgebildete Lehrpersonen) ermutigt werden, ihre Kompetenzen selbst bzw. im Dialog zu erforschen, ihr eigenes Kompetenzprofil zu schärfen und letztendlich so auch in ihrer Handlungssicherheit gestärkt werden.

In diesem Sinne viel Freude auf der Forschungsreise durch Ihre ganz persönliche Kompetenzlandschaft!

Christa Karner

Preface

"My own" competence profile

A journey to discover your own personal range of competences

There are many ways of becoming and remaining a good teacher. There is hardly any other profession which has such a broad job description and requires such a wide range of competences.

Of course certain basic personal characteristics are essential for the teaching profession, but even for "born teachers" there is a constant challenge to question and even alter their actions, their teaching, their behaviour, their attitudes etc in order to maintain a level of professional satisfaction. In the words of an old Chinese proverb "Teaching means learning," or, as the brain researcher Hüther (2007, p 120) puts it:

Whoever does not wish to lose his freedom and desires to escape from his own well-worn pathways of perception, feelings and realisation must choose the difficult path and try, step by step, to climb the stepladders of perception, feeling, realisation and consciousness towards that which singles out the human brain, namely the ability to question oneself again and again.

This way of thinking, and an approach to learning based on it, may encourage learners (not only students, but also trained teachers) to explore their own competences, either alone or as in co-operation with others, to improve their competence profile and thus gain greater confidence in their actions.

On this note may I wish you all the best on your journey to discover your own personal range of competences.

Christa Karner

Inhaltsverzeichnis

„Mein" Kompetenzprofil

Eine Forschungsreise in die eigene Kompetenzlandschaft

Das Kompetenzprofil, Kapitel 5, Seite 16 und 17, sowie die Seiten 22 bis 47 aus dem Kapitel 7 sind als **Download** für eine vertiefende Weiterarbeit im **TRAUNER-Kompetenzportal** erhältlich:

www.trauner-kompetenzportal.at

Ihr Lizenz-Key zum Freischalten der Downloads:

Table of Contents

"My own" competence profile

A journey to discover your own personal range of competences

Pages 16 & 17 from chapter 5, and pages 22 to 47 from chapter 7 may be **downloaded** for your personal use from the **TRAUNER-Kompetenzportal**.

www.trauner-kompetenzportal.at

Your key:

7egmywa2i8

„Mein" Kompetenzprofil

1. Einleitung

Kompetenzen sind in sehr vielen Berufssparten ein wichtiges Thema. Jedes Unternehmen, jeder Betrieb kann nur mit kompetenten Mitarbeitern/Mitarbeiterinnen gut bestehen und sich weiterentwickeln. Dies gilt auch für das „Unternehmen Schule" – jede Schule, die erfolgreich besteht und sich weiterentwickelt, hat kompetente Lehrpersonen – Lehrerinnen und Lehrer, die durch ihr Können, durch ihre *Kompetenzen* einen erfolgreichen Schulalltag ermöglichen.

In diesem Buch geht es um dieses erforderliche Können, um die wichtigsten Kompetenzen im Lehrberuf, um deren forcierte Selbsteinschätzung und um den intersubjektiven Austausch zwischen Lehramtsstudierenden und bereits erfahrenen Lehrpersonen – denn: „Alles schulische Lehren und Lernen ist eingebettet in ein interaktives und dialogisches Beziehungsgeschehen." (Bauer 2007, S. 14)

Vor ungefähr zehn Jahren (seit ca. 2002) begann ich mich sehr intensiv mit der Beurteilungsthematik und mit individuellen Lernwegen beim Kompetenzerwerb von angehenden Lehrpersonen *ohne* Ziffernnotenbewertung zu beschäftigen. Damals erhielt ich sehr oft skeptische Rückmeldungen. Alternative Beurteilungsmethoden wurden zwar als durchaus sinnvoll eingeschätzt, die Umsetzungsarbeit wurde aber vor allem aufgrund der dafür benötigten erhöhten zeitlichen Ressourcen in der Praxis als kaum machbar eingestuft. Mit hoch engagierten und „von Pioniergeist beseelten" Lehrpersonen und Studierenden gelang es aber dennoch einen wissenschaftlich fundierten Forschungsprozess durchzuführen (Karner 2004), dessen Ergebnisse Ausgangspunkte folgender Ausführungen sind.

Basierend auf theoretischen Erkenntnissen konstruktivistischer Lerntheorien und ausgehend von qualitativ-empirischen Ergebnissen dieses Forschungsprozesses, in dem das Können angehender Lehrpersonen durch Selbst- und Fremdeinschätzung bewertet wurde, wird hier in komprimierter Form ein Instrument zur Einschätzung erforderlicher Kompetenzen im Lehrberuf – das *Kompetenzprofil* – vorgestellt. Seit 2004 kommt es in diversen Feldversuchen zum Einsatz, wird laufend erprobt und weiterentwickelt. Eine Möglichkeit der wesentlich dazugehörigen weiterführenden, vertiefenden Arbeit wird ebenfalls in späterer Abfolge in diesem Buch vorgestellt.

Allgemein ist festzustellen, dass derzeit in vielen pädagogischen Entwicklungsrichtungen Begriffe wie *Kompetenz, kompetenzorientiert* etc. von zunehmender Bedeutung, ja geradezu „en vogue" sind und in aktuellen Diskussionen immer wieder im Zentrum stehen. Es erscheint daher wesentlich, sich zunächst mit dem Begriff *Kompetenz* in seiner grundsätzlichen Bedeutung auseinanderzusetzen.

2. Der Begriff *Kompetenz* – Definitionen und Abgrenzungen

Der Begriff Kompetenz (etymologische Herkunft des Terminus Kompetenz lat. com/conpetere – zustehen, erstreben, zuständig – vgl. Kluge 1999, S. 466) wird in unterschiedlichsten Bereichen für ebenso unterschiedliche Sachverhalte verwendet. Häufig werden Begriffe wie *Fähigkeiten, Fertigkeiten, Können, Kenntnisse, Tätigkeiten* dem Begriff *Kompetenz* gleichgesetzt. Eng mit dem Kompetenzbegriff verwandt sind die Begriffe *Qualifikation* und *Schlüsselqualifikation*. Durch den Begriff Qualifikation kann einerseits der aktive Prozess der Aneignung von Kompetenzen ausgedrückt werden, andererseits auch die Summe aller Kenntnisse, Fähigkeiten und Fertigkeiten zur Bewältigung einer Aufgabe (vgl. Wilsdorf 1991, 44–46). *Schlüsselqualifikationen* können nach Wilsdorf (1991, S. 56) als „... lange verwertbare, funktions- und berufsübergreifende Qualifikationen zum Lösen beruflicher Probleme ..." definiert werden. Beide Begriffe betonen die Handlungsebene, weniger die mentalen Prozesse, die zur eigentlichen Umsetzung führen.

Im Hinblick auf die Thematik in diesem Buch wird vorerst eine Definition herangezogen, die sich sowohl auf das „Was" (erfolgreiches Handeln) als auch auf das „Wie" (selbst organisiert und prozessorientiert) des Kompetenzerwerbes von Studierenden / angehenden Lehrpersonen beziehen lässt.

„Aus psychologischer Sicht bezeichnen Kompetenzen die Verhaltensdispositionen eines einzelnen Menschen, Tätigkeiten bzw. Handlungen erfolgreich und selbstorganisiert auszuführen. ... Kompetenzen werden im individuellen Entwicklungsprozess angeeignet und vervollkommnet." (Solzbacher 2003, S. 64)

Das in diesen Ausführungen immer wieder besonders betonte reflexive Element lässt sich in dieser Definition durch den Terminus *selbstorganisiert* abdecken, da selbst organisierte, konstruktive Lernprozesse immer Reflexion im Sinne von mentalen Rückkoppelungsprozessen inkludieren. Foerster drückt diese Gedächtnisleistung sehr einfach und klar aus: „Zuerst sagt man

"My own" competence profile

1. Introduction

Competences are of importance in many different professional fields. Every firm, every company needs competent employees in order to survive and develop. This applies equally to the company we call "school". Every school which operates successfully and develops has competent members of staff, teachers who make the day-to-day life of a school a success by means of their ability and *competences*.

This book is concerned with this essential ability, and with the most important competences required for the teaching profession, the increased self-evaluation of these competences and of the intersubjective exchange between both trainee and experienced teachers – for: "All school-based teaching and learning is embedded in interactive and dialogic interpersonal exchanges." (Bauer 2007, p 14)

Some ten years ago (about 2002) I began to take an interest in the field of assessment and with individual ways in which trainee teachers acquire competences, without recourse to marks expressed as numbers.

Reactions were at that time mostly sceptical. Alternative methods of assessment were seen as a valuable tool, but were judged to be impractical on the grounds of the extra time resources needed in practice. However, with the help of "highly committed pioneers" in the form of both teachers and students, it was possible to carry out a scientific research project (cf Karner, 2004), the results of which form the basis for the following.

Based on the theoretical findings of constructivist learning theory and also on the qualitative-empirical results of this research, in which the abilities of trainee teachers were subjected to both self- and external evaluation, I would like to propose a tool for evaluating the necessary competences for the teaching profession – a *competence profile*.

This profile has been in use since 2004 in a variety of field studies and is constantly being tested and developed. One potential aspect of further development, closely related to this topic, will be presented in a later chapter of this book.

These days in many new areas of pedagogical development concepts such as *competences / competence orientation* are becoming increasingly important (one might even say "fashionable") and are a central topic of discussion. It would therefore be appropriate at this point to take a closer look at what exactly we mean by the term *competence*.

2. How can we define and delimit the term *competence*?

The term competence (deriving from the Latin competere/conpetere – to be entitled, aspire to, be responsible for – cf Kluge 1999, p 466) is used in a variety of contexts with a variety of different meanings. Terms such as *ability*, *skills*, *proficiency*, *knowledge*, *actions* are often used as synonyms for the term competence. The terms *qualification* and *key qualification* are also closely connected. The term *qualification* expresses on the one hand the active process of the acquisition of competences, on the other hand the sum of all the knowledge, abilities and skills required to fulfil a task (cf Wilsdorf 1991, p 44–46).

Key qualifications may be defined according to Wilsdorf (1991, p 56) as "... long-term qualifications applicable to a range of functions or professions enabling the solving of professional problems..."
Both terms emphasise the level of action rather than the mental processes necessary to solve the task.

In view of the subject matter of this book, I intend to use a definition which encompasses both the "what" (effective action) as well as the "how" (self-organised and process orientated) in relation to the acquisition of competences of trainee teachers.

"Seen from a psychological point of view, competences describe the behavioural disposition of the individual in performing activities and actions in an effective and self-organised way ... Competences are acquired and perfected as part of an individual process." (Solzbacher 2003, p 64)

The strongly emphasised reflective element in these definitions is adequately covered by the term *self-organised*, since self-organised, constructive learning processes always include reflection in the sense of mental feedback processes. Foerster expresses this act of memory quite simply: "First you say to yourself: That's the way to do it. Then you realise, no, that's not the way to do it, I'll have to do it differently. Then you think about it, you have a new idea and then..." (Foerster/Glasersfeld 1999, p 65)

If we use the term competence in the sense of the above-mentioned definition, then it becomes clear that competence means more than a completed qualification, a finished product, so to speak. The term competence includes dynamic components. Concrete actions are connected to continual, self-controlled learning

sich: So geht's. Dann sieht man, nein, so geht's nicht, ich muß das anders machen. Dann denkt man nach, hat eine neue Idee und ... ." (Foerster/Glasersfeld 1999, S. 65)

Verwendet man den Begriff Kompetenz im Sinne der oben angeführten Definition, so wird deutlich, dass Kompetenz mehr bedeutet als eine abgeschlossene Qualifikation, ein quasi fertiges Produkt. Der Begriff Kompetenz beinhaltet auch dynamische Komponenten. Konkrete Tätigkeiten werden mit kontinuierlichen, selbst kontrollierten Lernprozessen verbunden. Ein wesentliches Kennzeichen von Kompetenz in dieser Definition ist demnach Veränderbarkeit.

Als Kompetenz bezeichnet man also die fachliche Zuständigkeit, eine bestimmte Angelegenheit zu bestimmten Zeitpunkten in persönlicher Art und Weise wahrzunehmen und zu bearbeiten. Kompetenz ist so gesehen sowohl vom jeweils fachlich-theoretischen als auch vom persönlich-praktischen Entwicklungsstand des Handlungswissens des Agierenden abhängig. Erworbene bzw. angewandte Fertigkeiten und Fähigkeiten sind zu verschiedenen Zeitpunkten in unterschiedlicher Quantität und Qualität vorhanden und weisen außerdem verschiedenste Formen ihrer Kombinationen auf. Eine solche persönliche Kompetenzstruktur weist demnach sehr individuellen Charakter auf und kann als individuelles *Kompetenzprofil* bezeichnet werden (vgl. Karner 2004, S. 96–98).

3. Kompetenzen erwerben und bewerten

Pädagogische Hochschulen haben als Aus-, Fort- und Weiterbildungsinstitutionen die verantwortungsvolle Aufgabe, zukünftige bzw. bereits im Beruf stehende Lehrpersonen aus-, fort- und weiterzubilden. Die Praxis in der Ausbildung gilt dabei als ideales Forschungs- und Erprobungsfeld für den zukünftigen Beruf. Ob die Bewährung und ein Bestehen darin mit Hilfe von Beurteilungen durch Ziffernnoten ermittelt werden kann, war seit Langem ein Diskussionspunkt und nach persönlicher Einschätzung der Autorin auch schon immer mehr als fragwürdig. Erforderliche Kompetenzen für eine angestrebte Lehrtätigkeit sind nicht aus einer Ziffernnote abzulesen. Dass aber „kompetente" Lehrpersonen eine besonders große Bedeutung im Bildungssystem haben und mehr denn je in einer sich rasch verändernden Bildungslandschaft gebraucht werden, steht außer Zweifel.

Laut Ergebnis einer Studie von Barber & Mourshed (2007) sind es zwei entscheidende Aspekte, die ein Schulsystem erfolgreich machen:
• Die am besten geeigneten Menschen für den Lehrberuf auszuwählen und

• deren Kompetenzen kontinuierlich weiterzuentwickeln, um so allen Schülern und Schülerinnen einen qualitativ hochwertigen Unterricht bieten zu können.

Die Anforderungen an Lehrer/-innenbildungsinstitutionen sind – will man eben wie oben angeführt die dafür am besten geeigneten Menschen zu Lehrer/-innen ausbilden – daher mit einer sehr hohen Verantwortung verbunden. Einerseits sollte schon zu Studienbeginn bei entsprechenden Beratungsgesprächen den Studierenden klargemacht werden, dass es sich um einen Beruf handelt, der höchstes persönliches Engagement erfordert. Andererseits sollen sie während der Ausbildungszeit ihr theoretisches und praktisches „Know-how", ihre für den Lehrberuf so umfangreichen und unterschiedlichen Kompetenzen auf- und weiter ausbauen. Diese Kompetenzen müssen von den Lehrenden dann auch bewertet werden.

Seit 2007 gibt es in den Schulpraktischen Studien der Pädagogischen Hochschule der Diözese Linz – also in jenem Ausbildungsbereich, in dem Studierende ihr praktisches Können im Klassenzimmer erwerben – keine Ziffernnoten mehr, sondern eine nach dem neuen Hochschulgesetz alternative Bewertung in Form von: „Mit Erfolg teilgenommen" bzw. „Ohne Erfolg teilgenommen". (Prüfungsordnung §5, 4, Fassung v. 8.6.2009)

Diese Änderung der Beurteilungsform erscheint vordergründig vielleicht einfacher, wirft aber gleichzeitig sehr viele Fragen auf:

Wie wird Erfolg definiert?
Wer sagt, was erfolgreich ist und was nicht?
Ist Erfolg einheitlich und objektiv zu bewerten?
Wie messe ich Erfolg?
Welche Kompetenzen müssen die Studierenden für ihren zukünftigen Beruf haben, um im Unterricht „erfolgreich" zu sein?

In diesem Buch wird *eine* Möglichkeit aufgezeigt, den *eigenen Erfolg* zu bewerten – einerseits durch Feedback und Fremdeinschätzungen erfahrener Praxislehrer/-innen, vor allem aber durch forcierte Selbsteinschätzung. In dieser Polarität und mit dem Ziel einer möglichst großen Beibehaltung von Individualität wird ein intersubjektiver Konsens angestrebt.

4. Fremdeinschätzung und forcierte Selbsteinschätzung

Die *Schulpraktischen Studien* mit wöchentlichen Praxistagen und geblockten schulpraktischen Veranstaltungen stehen im Zentrum der Ausbildung der pädagogischen Hochschule und bieten die Möglichkeit,

processes. A basic characteristic of competence in this definition is therefore changeability.

So we see that competence may be defined as the ability to perceive and process a certain matter at a certain time in an individual way. Competence depends therefore on both the subject/theoretical as well as the personal/practical stage of development of the agent's instructional knowledge.

Both acquired and/or applied skills and abilities are at the agent's disposal at varying times in varying quantity and quality, and in widely differing combinations. Such a personal structure of competences displays a highly individual character and may therefore be described as a personal *competence profile* (cf Karner 2004, p 96–98).

3. Acquiring and evaluating competences

Colleges of education are responsible for providing initial, in-service and supplementary training for teachers. The school experience aspect of initial training is the ideal environment for testing the trainee's suitability for their future profession.

Whether the success of a trainee teacher can be measured by using a mark expressed in number form has been a moot point for a long time and, in the opinion of the author, has always been more than questionable. The competences necessary to make a successful teacher cannot be read from a mark expressed in number form. What is beyond question, however, is that "competent" teachers are playing an increasingly important role in the education system and will be needed more than ever in a rapidly changing educational environment.

According to a study by Barber & Mourshed (2007), there are two crucial aspects which determine the success of a school system:
• choosing the most suitable candidates for the teaching profession, and
• continuously developing their competences in order to provide schoolchildren with high quality teaching.

If teacher training institutions are, as mentioned above, to train the people most suitable for the job to be teachers, then this involves a high degree of responsibility. On the one hand it needs to be made clear to applicants at the outset, during initial consultations, that the teaching profession requires a high level of personal dedication. On the other hand trainees should, in the course of their training, develop their theoretical and practical "know-how" as well as the wide range of differing competences necessary for the teaching profession. And these competences must be assessed by the teaching staff.

In 2007 at the Private University College of Education of the Diocese of Linz grades expressed as numbers were abolished in the area of school experience – the area where students obtain practical experience in the classroom – and replaced by an alternative form of assessment (specified by the newly implemented Universities Act) whereby students received the grade "pass" or "fail" (literally "successfully completed" or "unsuccessfully completed") (Prüfungsordnung § 5, 4, Fassung vom 8.6.2009).

At first sight this new form of assessment might seem simpler, however, it raises questions:

How do you define success?
Who says what is successful and what isn't?
Can success be consistently and objectively assessed?
How do I measure success?
Which competences must the students have in order to be "successful" in their chosen career?

This book aims to demonstrate one method of assessing one's own success – on the one hand by means of feedback and external evaluation from experienced practice supervisors, on the other hand mainly through increased self-assessment. Notwithstanding this polarity, emphasis is nevertheless placed on achieving an intersubjective consensus, while maintaining the greatest possible degree of individuality.

4. External assessment and increased self-assessment

School experience, with its weekly teaching practice days and blocked teaching practice is a central aspect of teacher training at our college and enables the students to put theory into practice. The students are supervised by experienced school teachers and teachers from the teacher training college (college supervisors), who encourage them in the course of their training to take on an increasing level of responsibility in the classroom. In this context the above-mentioned form of assessment presents a new challenge.

Current developments at the teacher training college are increasingly moving away from *exclusively* external assessment towards a combination of external assessment, self-assessment and new forms of assessment (e.g. portfolios) in which the students' own choice of content and personal presentation is intended to improve their reflective capability.
None of this makes evaluation any easier, but the process is, as a result, definitely a different one. The re-

theoretisch Gelerntes in der Praxis zu versuchen und umzusetzen. Erfahrene Praxislehrer/-innen und Lehrende der Pädagogischen Hochschule (Praxisberater/-innen) begleiten die Studierenden auf ihrem Lernweg in der Praxis und sind bemüht, den Studierenden im Laufe ihrer Ausbildung zunehmend Verantwortung im Klassenzimmer zu übertragen. Die bereits oben angeführte veränderte Beurteilungsform stellt dabei eine neue Herausforderung dar.

Aktuelle Entwicklungen an der Hochschule tendieren in die Richtung, dass Studierende in ihrer Schulpraxis nicht mehr nur durch Fremdbewertung beurteilt werden, sondern zunehmend auch durch Selbsteinschätzung und durch neue Formen von Leistungsnachweisen (wie z. B. Portfolioarbeit), bei denen die eigenverantwortliche Auswahl der Inhalte und die persönliche Präsentation gleichzeitig die eigene Reflexionsfähigkeit erhöhen sollen.

Dies macht die Bewertungsprozesse keinesfalls einfacher, verändert sie jedoch gezwungenermaßen. Denn wenn der Anteil an direkten Vorgaben sinkt und gleichzeitig der Anteil an eigenen Lernzielsetzungen erhöht wird, verlangt dies in Bewertungsprozessen ein verstärktes Eingehen auf individuelle Kompetenzen der Studierenden und damit verbunden auch eine intensivere Betonung der Selbsteinschätzung.

Diese Entwicklung bei der Bewertung des Kompetenzerwerbes von angehenden Lehrerinnen und Lehrern kann durch das hier vorgestellte Instrument der Selbsteinschätzung – durch das *Kompetenzprofil* – unterstützt werden.

5. Das *Kompetenzprofil* – ein Instrument zur Selbsteinschätzung

Das Instrument *Kompetenzprofil* ist aufgrund der Ergebnisse eines Forschungsprozesses (Karner 2004), welcher u.a. die forcierte Selbsteinschätzung angehender Lehrpersonen zum Inhalt hatte, entwickelt worden. Im *Kompetenzprofil* geht es nicht um eine normative Beschreibung von „skills", sondern in erster Linie um eine Möglichkeit, die eigene Professionalität in ihrer *Gesamtheit* selbst einzuschätzen und aufgrund des jeweiligen Ergebnisses im Sinne einer forschenden Haltung dann auch gezielt weiterzuentwickeln. Je nach „Letztstand" des individuellen Kompetenzprofils kristallisieren sich demnach auch ganz persönliche, spezifische Lerninhalte für ein vertieftes Weiterlernen, für eine analytische Weiterbearbeitung heraus.

Ausgangsüberlegungen für diese Art zu arbeiten waren – neben konstruktivistischen Grundpositionen und Lernansätzen – die Theorie der multiplen Intelligenzen (Gardner 2002), der erweiterte Lernbegriff (Grunder,

Bohl 2001) und vor allem auch folgende grundsätzliche Überlegungen:

„Selbsteinschätzung" – eine erforderliche Kompetenz rechtlich verankert?

Zu den Aufgaben, Rechten und Pflichten einer Lehrperson gehört prinzipiell die Leistungsbeurteilung. Neben den grundsätzlichen, allgemeinen Bestimmungen der Leistungsbeurteilung wie beispielsweise ihre Einschränkungen oder ihre rein rechtlich gültigen Formen scheint in der Leistungsbeurteilungsverordnung des Bundesministeriums auch ein Paragraf auf, welcher Ausgangspunkt für anschließend dargestellte Überlegung war: „Die Leistungsfeststellungen haben auf das Vertrauensverhältnis zwischen Lehrern, Schülern und Erziehungsberechtigten Bedacht zu nehmen und zur sachlich begründeten Selbsteinschätzung hinzuführen." (bm:bwk – §2 Abs. 5 LBVO des Schulunterrichtsgesetzes – 2000)

Wenn es also zu den Pflichten einer Lehrperson gehört, die Schüler/-innen zu begründeten Selbsteinschätzungen hinzuführen, dann erscheint es umso wichtiger, dass angehende Lehrpersonen die Fähigkeit der Selbsteinschätzung zunächst einmal selbst im Rahmen der Ausbildung erlernen und erproben, um so überhaupt erst andere Personen dazu anleiten zu können.

Bereitschaft und Fähigkeit zu systematischer Selbstreflexion

Die Bereitschaft, das eigene pädagogische Agieren immer wieder selbstkritisch zu hinterfragen, ist ein wesentliches Merkmal professionellen Handelns. In der Literatur wird unter anderem betont, dass Lehrerhandlungen nicht zu den kontinuierlich routinemäßig und stets vorausplanbaren Tätigkeiten zählen (vgl. Altrichter/Krainer 1996, S. 36). Daraus ableitend kann eine stetige, selbstkritische und systematische Reflexion des eigenen unterrichtenden Handelns als unbedingt erforderliche Kompetenz von Lehrern/Lehrerinnen angesehen werden. Diese Reflexionsfähigkeit stellt sozusagen ein fundamentales und zentrales Element im professionellen Vorgehen von Lehrpersonen dar.

Wissen wird so für Studierende analysierbar und reorganisierbar, weil die bewusste Reflexion eine gewisse Bremswirkung ausübt, durch welche auch eine Veränderung der Handlungsstruktur erleichtert werden kann (vgl. Cranach 1983, S. 71). Durch eine distanzierte Reflexion außerhalb des Handlungsflusses kann Wissen mitteilbar und so auch von und für andere Personen (Lehrende/Studierende) transparent gemacht werden. In den dazugehörenden Dialogen und diskutierten Lernprozessen (zwischen Studierenden und erfahrenen Lehrpersonen) haben folgende Fragestellungen immer wieder Aktualität und sind für den Lehrberuf auch von hoher Relevanz:

duction in formal external guidelines on the one hand, accompanied by an increase in the students' own personal aims on the other hand, make it necessary for the evaluator to place increased emphasis on the students' individual competences, thus focusing more on the aspect of self-assessment.

This development in the assessment of trainee teachers' competences can be supported using the tool presented here – the *competence profile* – which aims to help students assess themselves.

5. The *competence profile* – a self-assessment tool

The *competence profile* was developed as the result of a research project (Karner 2004) which focused on the increased self-assessment of trainee teachers.

The *competence profile* is not concerned with a normative description of skills, but first and foremost with a means of assessing one's own professionalism *as a whole*. On the basis of these results and using a research-based approach, the aim is further development towards specific goals. Taking the current position of the individual's competence profile as a starting point, it is possible to formulate specific personal goals to aid further deeper, analytical learning.

The basis for this approach – in addition to basic constructivist concepts and approaches – were Gardner's (2002) theory of multiple intelligences, Grunder and Bohl's (2001) expanded concept of learning, and above all the following basic considerations:

"Self-assessment" – a necessary competence enshrined in law?
It is not possible to talk about the tasks, rights and duties of a teacher without mentioning assessment. In addition to the basic, general provisions concerning assessment such as its constraints or its legal form, there is also a paragraph in the Education Ministry's assessment decree, which formed the basis for the following consideration:
"Formative assessment procedures must take into consideration the trust relationship between teachers, parents and pupils and lead to factually-based self-assessment." (bm:bwk – § 2 Abs. 5 LBVO des Schulunterrichtsgesetzes – 2000)

If the obligations of a teacher include leading pupils toward reasoned self-assessment, then it would seem to be all the more important for trainee teachers to develop the ability to assess themselves as part of their training, before they can teach others to do it.

Willingness and ability to engage in self-reflection
The willingness to critically question one's own pedagogical actions is a basic characteristic of a professional approach.

It has been stressed, amongst other things, that teaching is not a routine action which can always be planned in advance (cf Altrichter/Krainer 1996, p 36). Consequently, constant, self-critical and systematic reflection of one's own teaching can be seen as an essential competence for any teacher. This ability to reflect is a central, basic element of professional action.

In this way knowledge may be analysed and reorganised, since conscious reflection acts as a brake, thus facilitating changes in courses of action (cf Cranach 1983, p 71). Through reflection distanced from a course of action knowledge may be made communicable and thus transparent for others (both teachers and students).

In the course of the resulting conversations and discussions on learning processes (between trainees and experienced teachers) the following questions arose frequently, questions which are also highly relevant for the teaching profession.

- What can I do well?
- What particular abilities do I have?
- What particular skills do I have?
- What qualities do I have which make me stand out as a teacher?
- Which areas should I / do I still have to work on?
- How many (other) things do I have to be able to do as a teacher?
- Am I (in my own estimation) a good teacher? Am I sufficiently "competent" to rise to the many different challenges of the profession?

The valuable experience and pedagogical know-how which school experience supervisors can share with their students is of considerable value in the study of competence development. These supervisors personally advise trainee teachers during their teaching practice and thus have an active formative influence on the students, in what is an important area of the students' training.

An empirical study by Hascher & Wepf (2007, p 111) indicates that impulses for learning for students come to a large extent from supervisors (33.3%), followed by pupils (30.1%) and also from the students' own feeling of dissatisfaction (17.6%).

These results emphasise the importance of professional supervision by teachers, but also indicate that developing students' own self-reflection abilities and

- Was kann ich besonders gut?
- Welche speziellen Fähigkeiten habe ich?
- Welche speziellen Fertigkeiten beherrsche ich?
- Was zeichnet mich als Lehrperson aus?
- Wo kann (soll / muss) ich mich noch weiterentwickeln?
- Was muss ich als Lehrerin, als Lehrer eigentlich (noch!) alles können?
- Schätze ich mich als gute Lehrerin, als guter Lehrer ein – bin ich „kompetent" genug für die vielfältigen Herausforderungen im Berufsfeld?

Eine wesentliche Unterstützung bei der Erforschung der Kompetenzentwicklung können Praxislehrer/-innen bieten, in dem sie ihr „pädagogisches Know-how" und ihre wertvollen Erfahrungen mit den Studierenden teilen. Sie begleiten die angehenden Lehrpersonen bei ihren Lernprozessen in der Praxis und sind so aktive Gestalter/-innen in einem wichtigen Ausbildungsbereich der Studierenden.

Aus einer empirischen Untersuchung (Hascher, Wepf 2007, S. 111) geht hervor, dass Lernanstöße für Studierende zu einem gewichtigen Teil (33,3 %) von den Lehrkräften ausgehen, die das Praktikum betreuen, gefolgt von den Schülern/Schülerinnen (30,1 %) und der eigenen Unzufriedenheit (17,6 %).
Diese Ergebnisse bestätigen einerseits die Bedeutsamkeit einer professionellen Begleitung durch Praxislehrer/-innen, andererseits erscheinen aber auch die Forcierung der eigenen Reflexionsfähigkeit der Studierenden und die Stärkung ihrer Fähigkeit zur Selbsteinschätzung aufgrund dieser Ergebnisse als besondere zukünftige Herausforderungen, denn:

„Gute Lehrer stellen hohe Anforderungen an ihre Schüler, aber noch höhere an sich selbst."
(Whitaker 2009, 124)

Das im Folgenden dargestellte und beschriebene Instrument *Kompetenzprofil* stellt in erster Linie eine Möglichkeit der reflektierenden, prozessorientierten Begleitung von Studierenden dar. Es wurde aber auch bereits von im Beruf stehenden Lehrpersonen erprobt, angewendet und auch als äußerst interessant für die Reflexion der eigenen Entwicklung in der beruflichen Professionalität rückgemeldet.

Eine Einschätzung mit dem *Kompetenzprofil* und mit einer im Anschluss daran fortgeführten, vertiefenden Weiterarbeit ist vergleichbar mit Prozessen, wie sie auch im Rahmen der Aktionsforschung ablaufen. Aktionsforschung ist dadurch charakterisiert, dass die eigene Praxis untersucht und weiterentwickelt wird, in dem die Akteure ihr Handeln und Reflektieren immer wieder aufeinander beziehen (vgl. Altrichter/Lobenwein/Welte 1997, S. 640).

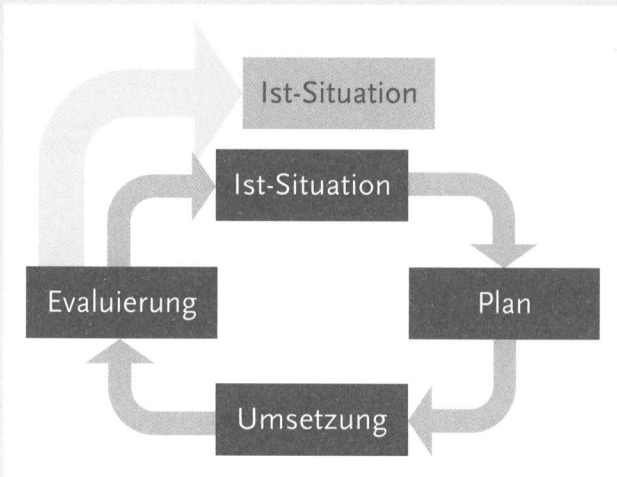

Aktionsforschungszyklus (vgl. Karner 2004, S. 143)

Die Entwicklung zur „kompetenten" Lehrperson ist also ein kontinuierlicher Prozess, ein zyklisches Vorgehen, welches durch förderliche Kontextbedingungen in der schulpraktischen Ausbildung maßgeblich unterstützt werden kann. Hier gilt – wie prinzipiell bei allen anderen Lernprozessen auch:

„Das Wissen um die eigenen Stärken und Schwächen im Lernprozess ..." ist *„...eine wichtige Grundlage dafür, dass Lernende in die Lage versetzt werden, aktiv Verantwortung für das eigene Lernen zu übernehmen."*
(Feindt 2010, S. 86)

Ein Instrument, welches hilft, die individuellen Stärken und Herausforderungen sichtbar zu dokumentieren, stellt eine praktikable Unterstützung auf dem individuellen Lernweg dar. Das *Kompetenzprofil* ist eine solche Stütze und ist geeignet, das eigene Tun und Handeln bewusst einzuschätzen. Wird die Selbsteinschätzung durch eine Fremdeinschätzung ergänzt und in Dialogform reflektiert, können sich daraus wertvolle Ansätze für individuelle Kompetenzweiterentwicklungen ergeben.

Im Folgenden wird das Instrument *Kompetenzprofil* angeführt und im Anschluss daran die Arbeit mit diesem erläutert.

their self-assessment capabilities will be a future challenge, as:

"Good teachers demand a lot from their pupils, but more from themselves."
(Whitaker 2009, p 124)

The *competence profile* tool described below offers first and foremost a means of supervising students in a reflective and process orientated way. It has also, however, been tested and implemented by practising teachers, who have described it as a highly interesting tool for reflecting on the development of their own professionalism.

An initial assessment using the *competence profile*, followed by further developmental work, is comparable with processes common to action research. Action research is defined as a process of investigating and developing one's own practices, whereby those involved continually link their actions and reflections to each other
(cf Altrichter/Lobenwein/Welte 1997, p 640).

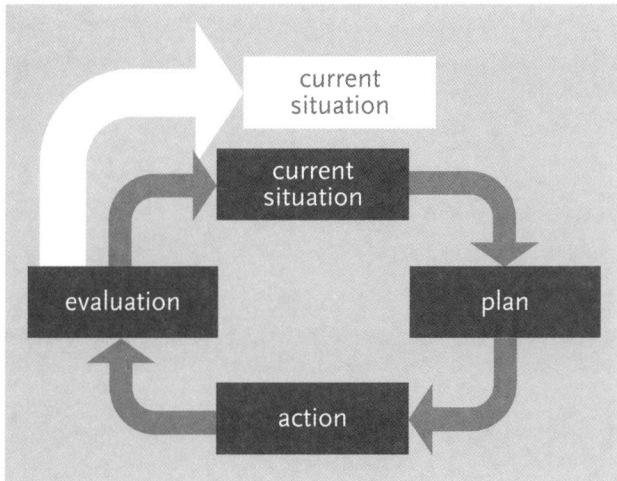

Aktionsforschungszyklus (vgl. Karner 2004, S. 143)

Thus we see that the development towards being a "competent teacher" is a continual, cyclical process, which may be significantly supported given an appropriate school experience environment. Here, as with all learning processes, the following applies:

"Knowledge of one's own strengths and weaknesses in the learning process... is an important precondition for enabling learners to take active responsibility for their own learning." (Feindt 2010, p 86)

A tool which helps the individual to ascertain and document her/his own strengths and weaknesses is a practical aid to the individual learning process. The *competence profile* is such a tool and is designed to evaluate the individual's actions. This reflection, complemented by external assessment and then subjec-

ted to a process of dialogic reflection, can provide valuable assistance to individual competence developments.

The following section will introduce the *competence profile* and explain how it may be optimally implemented.

Selbsteinschätzung (Name):	
Fremdeinschätzung von / für (Namen):	
zeitlicher Rahmen / Datum:	

Kompetenzprofil

	gar nicht vorhanden	geringfügig vorhanden	ausreichend vorhanden	gut vorhanden	sehr gut vorhanden	hervorragend
Selbstkompetenz						
Intrapsychische Einsichten (z. B. Selbstsicherheit /-wahrnehmung)						
Übernahme von Selbstverantwortung, Lernbereitschaft, Leistungsmotivation						
Reflexionsfähigkeit						
Belastbarkeit						
Sozialkompetenz						
Kommunikationsfähigkeit						
Kooperationsfähigkeit						
Achtsamkeit						
Empathie / Zuwendung						
Klassenführungskompetenz						
Rollenklarheit, Leitungskompetenz						
Organisieren						
Flexibilität						
Umgang mit Konflikten						
Lehrkompetenz						
Adäquate Methodenwahl und Einsatz						
Meth.-didakt. Vermittlungsgeschick						
Didaktische Arbeitsmaterialien, Einsatz von Medien						
Lernförderung						
Sachkompetenz						
Fachliche Planungen						
Sachkundiges Wissen						
Allg. Moderationstechniken (Tafelbild, Schriftgestaltungen etc.)						
Sprachkompetenz						
Sprachbeherrschung – Unterrichtssprache (Grammatik, Rechtschrg.)						
Unterrichtssprache (klar, verständlich, korrekt...)						
Altersadäquate Ausdrucksweise						
Stimmeinsatz (Artikulat., Tonalität...)						
Körpersprache						

Self-assessment (name):	
External assessment (by/for – name):	
Time frame / date:	

Competence profile

	non existent	basic	adequate	good	very good	excellent
Personal competence						
Intrapsychic insights (e.g. self-confidence/ self-perception)						
Willingness to take on responsibility, willingness to learn, achievement motivation						
Ability to reflect						
Ability to cope with pressure						
Social competence						
Communicative skills						
Ability to co-operate						
Awareness						
Empath, giving attention						
Classroom management competence						
Role clarity, leadership ability						
Organisation						
Flexibility						
Mediation skills						
Teaching competence						
Appropriate choice and use of methods						
Methodological-didactical skills						
Didactically suitable materials, use of media						
Promoting learning						
Subject competence						
Subject-based planning						
Subject knowledge						
General facilitation techniques (blackboard organisation, writing techniques...)						
Linguistic competence						
Language proficiency – language of instruction (grammar, spelling)						
Language of instruction (clear, comprehensible, correct...)						
Age-appropriate use of language						
Use of voice (articulation, intonation...)						
Body language						

6. Die Arbeit mit dem *Kompetenzprofil*

Das *Kompetenzprofil* zeigt die erforderlichen Fähigkeiten und Fertigkeiten im Lehrberuf im Überblick. Es soll dazu einladen, sich selbst in seinem Können einzuschätzen. Dabei geht es nicht darum, auf einer Rangliste einen bestimmten Platz zu erreichen (vgl. Liessmann 2006, S. 74), sondern darum, sich mit den umfassenden Anforderungen im Lehrberuf individuell auseinanderzusetzen.

Die angeführten Kompetenzgruppen wurden auf Grund einer schriftlichen Erhebung im Rahmen eines Forschungsprozesses (vgl. Karner 2004, S. 111) als Basiskompetenzen für konkrete Umsetzungsprozesse im komplexen Unterrichtsgeschehen eruiert.

Nebenbei zeigt die Praxis, dass das *Kompetenzprofil* als eine gute Grundlage für Entwicklungsberichte der Studierenden herangezogen werden kann, von der ausgehend sie ihre individuellen Lernfortschritte vertieft untersuchen und sehr klar strukturiert beschreiben können. Ebenso wurde es auch von Praxislehrer/-innen als hilfreiche Strukturierung für verbale Bewertungen der schulpraktischen Leistungen von Studierenden verwendet – siehe Beispiele im Anhang S. 48-57.

Wichtig ist weiters zu bemerken, dass die einzelnen Begriffe in den Kompetenzgruppen natürlich immer auch Interpretationsspielräume zulassen. Erst wenn diese „Unklarheiten" im konstruktivistischen Sinne zu einem dialogischen Austausch genützt werden, wenn also sowohl bei der sich selbst einschätzenden als auch bei der fremd einschätzenden Person Übereinkünfte bezüglich Zeitrahmen und vor allem bezüglich „gemeinsamer" Bedeutungen und Definitionen erzielt wurden, kann auch erst die gemeinsame Bewertungsarbeit beginnen. Eine Zusammenführung von Selbst- und Fremdeinschätzung ist nur auf einem so erreichten Niveau möglich – nur so kann das Instrument *Kompetenzprofil* sinnvoll eingesetzt werden.

Gelingt diese gemeinsame Abstimmung, so können damit erfahrungsgemäß sehr konstruktive Gespräche hinsichtlich Bewertung in Gang gesetzt werden, denn um es mit Liessmann auszudrücken: „... die Lust am Vergleichen und Bewerten ist der menschlichen Vernunft als Grundvermögen eingeschrieben." (Liessmann 2006, S. 85) Zu betonen ist dabei, dass es sich bei jeder Einschätzung immer nur um eine „Momentaufnahme" handeln kann, sozusagen um ein zeitlich begrenztes Bild, das man von sich selbst bzw. von der eingeschätzten Person hat, oder um es mit einem treffenden Zitat auszudrücken: „Niemals sieht man dasselbe Bild in dieser ununterbrochen sich verändernden Welt." (Heinz von Förster 2001, S. 19)

Diese „Weltsicht" trifft ganz speziell auch auf den Lehrberuf zu, dessen Kernaufgabe es ist, Lernprozesse zu begleiten. Lehren – im Sinne einer Unterstützung konstruktivistischen Lernens – ist geprägt von permanenten Unsicherheiten, denn: „... es geht nicht um eine passive Reproduktion des Vorhandenen, sondern stets um schöpferische und lebendige Vorgänge: Es wird etwas erzeugt, es wird etwas erfunden – nicht gefunden, nicht entdeckt." (Heinz von Förster 2001, S. 20)

Das *Kompetenzprofil* macht zugleich die Fülle der Anforderungen deutlich, die Lehrpersonen teilweise sogar auch parallel zu erfüllen haben. Das jeweilige Ergebnis – *mein Kompetenzprofil* – kann als eine Art persönliches „Gesamtkunstwerk", als eine Art der individuellen Komposition der Fähigkeiten und Fertigkeiten gesehen werden.

Ein wesentliches Element im Professionalisierungsprozess von Lehrpersonen stellt die Reflexion dar, da durch diese kontinuierlich überprüft werden kann, ob die gesetzten Handlungen in der jeweiligen Situation auch funktionieren, ob sie passen, ob sie brauchbar, ob sie „viabel" (vgl. von Glasersfeld, 1997, S. 47) sind. Die Entscheidungsfindungen für Handlungen in hochkomplexen Unterrichtssituationen stellen insgesamt immer einen individuellen Entscheidungsprozess dar, ausgehend von den ersten Planungsschritten bis hin zu situativ spontan getroffenen Entscheidungen in der konkreten Umsetzungssituation.

„Unterricht ist ein schöpferischer Prozess." (Meyer, Feindt, Fichten 2007, S. 115) Maßgeblich in so einem Prozess ist nicht nur die Summe der laufend gefällten Entscheidungen, sondern auch deren Anordnung. Diese unterschiedliche Aneinanderreihung laufend gefällter, subjektiver Entscheidungen sowie die daraus resultierenden unterschiedlichen Vorgehensweisen bilden das eigentliche *individuelle Kompetenzprofil*.

Das Instrument *Kompetenzprofil* dient dazu, die eigenen Fähigkeiten und Fertigkeiten für den Lehrberuf zu bewerten, aber dabei auch – und das sollte das höhergestellte Ziel sein – sonst noch vorhandene Potenziale auszuloten! Mit der Erhebung, mit der Einschätzung des eigenen „IST-Zustandes" ist somit nur ein erster Schritt getan. Diese „Momentaufnahme" soll Anreiz sein, die eigenen Kompetenzen, das eigene Können weiterzuentwickeln und sich immer wieder neue Ziele zu setzen.

Im Bewusstsein, dass es divergierende Ansätze in allen hier angeführten Kompetenzbereichen gibt und ebenso im Bewusstsein, dass Lehrpersonen wie alle Menschen höchst verschiedenartig und individuell agieren, werden im Folgenden Fragen angeführt, die als mögliche Impulse, als mögliche Startplätze zu einer Forschungsreise in die eigene Kompetenzlandschaft dienen kön-

6. Working with the *competence profile*

The *competence profile* gives an overview of the necessary abilities and skills for the teaching profession. You are invited to assess your own abilities. The aim is not to reach a certain level on any ranking list (cf Liessmann 2006, p 74), but to consider the wide range of competences required for the teaching profession.

The categories of competences listed were created by means of a written questionnaire as part of a research project (cf Karner 2004, p 111) and list basic competences for concrete implementation in complex teaching sequences.

Additionally, practice has shown that the *competence profile* provides a good basis for the students' progress reports. Using this, the students can carry out a detailed investigation of, and provide a clearly structured description of their personal learning progress. Teaching practice supervisors have also found it a useful tool for structuring their written assessments of students' progress during teaching practice – see examples in the appendix p 48-57.

It should also be noted that each of the terms used in each of the competence categories is open to interpretation. Only when any "ambiguity" has been used, in a constructivist sense, for a dialogic exchange, when both the "self-assessor" and the "external assessor" have reached a consensus concerning time frame and above all concerning mutually acceptable definitions, can a co-operative evaluation begin.
Only in this way can self-assessment and external assessment be successfully combined and the *competence profile* used effectively.

Experience has shown that once this co-ordination has been achieved, then it is possible for a very constructive evaluative dialogue to take place. Liessmann puts it thus: "The desire to compare and evaluate is a basic asset of human reasoning." (Liessmann 2006, p 85)

It must be stressed, however, that any evaluation can be no more than a "snapshot", a temporary picture of either oneself or the person being assessed. As Förster aptly puts it: "Nobody ever sees the same image in this constantly changing world." (Förster 2001, p 19)

This "world view" is particularly relevant to the teaching profession, whose basic task it is to supervise learning processes. Teaching – in the sense of supporting constructivist learning – is particularly characterised by permanent uncertainties, since "... we are not concerned with a passive reproduction of what already exists, but rather with creative and living processes: it is not a question of producing, but inventing – not finding or discovering."
(Förster 2001, p 20)

The *competence profile* makes us aware of the wide range of requirements which teachers have to fulfil, often concurrently. The result – *my personal competence profile* – may be seen as a "completed work of art", a composition of individual abilities and skills.

Reflection is a basic component of the professionalisation process, since actions may thus be continuously reappraised to see whether they are appropriate to a given situation, whether they work, are useful, or "viable" (Glasersfeld 1997, p 47).
The reasons for actions in complex teaching situations are always part of an individual decision-making process, whether they be part of the initial planning or decisions taken spontaneously in a classroom situation.

"Teaching is a creative process..." (Meyer/Feindt/ Fichten 2007, p 115). What is decisive in such a process is not only the number of decisions taken, but also the order in which they are taken. This differing arrangement of continually taken, subjective decisions, as well as the consequent differing courses of action is what may be described as one's own *individual competence profile*.

The *competence profile* tool is aimed not only at evaluating one's own suitability for the teaching profession, but also – and this should be the more important aim – to discover untapped potential! The survey, namely, finding out where you stand at the moment, is only the first step. This "*snapshot*" should be the incentive to develop one's own competences, to improve one's own abilities, and to continually set new targets.

In the knowledge that there are diverging approaches to all the competence areas mentioned here, and that teachers act, like all other people, in their own, individual ways, the questions listed below should be seen as impulses, a starting point for a journey to discover one's own personal range of competences. With this in mind it is my intention to encourage a spirit of enquiry on this "journey" and a sense of pleasure at the discovery and development of one's own abilities.

7. Further development

To ensure a continuing learning process, it is necessary to pose further questions in each individual competence area. Regardless of whether they are asked self-reflectively or as part of a dialogic process with

nen. In diesem Sinne soll der persönliche Forschergeist auf dieser „Reise" angeregt und die Freude am Entdecken und Weiterentwickeln des eigenen Könnens geweckt werden.

7. Vertiefende Weiterarbeit

Für einen kontinuierlichen Lernprozess sind vertiefende Fragen in den einzelnen Kompetenzbereichen unerlässlich. Gleichgültig, ob man sie sich alleine oder in einem dialogischen Austausch mit Lehr- und Lernbegleitern/-begleiterinnen stellt – sie lösen immer einen kognitiven Suchprozess aus. Fragen können weiters einen Öffnungsprozess initiieren, neue Perspektiven bekommen die Chance ins Bewusstsein zu gelangen, alternative Lösungswege können gefunden oder zumindest angedacht werden.

Durch die im Folgenden angeführten Fragestellungen, welche das Können und die Fähigkeiten im jeweiligen Bereich detaillierter hinterfragen, kann – sofern darauf ehrliche Antworten gegeben werden – eine sehr klare Rückmeldung über den aktuellen Lernstand eingeholt werden. Sie sind eine Möglichkeit der analytischen Hinterfragung diverser Kompetenzbereiche – schließen jedoch das Finden von eigenen Fragestellungen, welche für den Einzelnen durchaus bedeutsamer und relevanter erscheinen mögen, nicht aus (ihnen wird im Arbeitsteil daher auch Platz eingeräumt).

Durch „persönliche" Antworten erhält man dienliche Hinweise über den eigenen Entwicklungsstand bzw. über mehr oder weniger ausgeschöpfte Potenziale. Diese „eigenen" Antworten sind somit zugleich sehr individuelle „Anzeiger" – Indikatoren des eigenen „IST-Standes", die wiederum Wegweiser für den weiteren Lernweg sein können.

Mittels den hier vorgegebenen bzw. den vom Anwender individuell gefundenen Fragestellungen kann somit überprüft werden, in welchen Bereichen ausgeprägte Stärken vorhanden sind und in welchen Bereichen Lernherausforderungen zu erkennen sind. Aufgrund dieser Erkenntnisse kann eine persönliche, zielgerichtete Weiterarbeit erfolgen. Neue, persönlich wert- und sinnvolle Ziele können überlegt und gesteckt werden.

„Ziele sind, im Unterschied zu einem Wunsch, einer Hoffnung oder einer vagen Vision, bereits Konzentrationspunkte, auf die wir unser Handeln ausrichten können." (Fischer-Epe, 2011, S. 77)

Die Effizienz bei der Zielerreichung kann wesentlich erhöht werden, wenn von Beginn an persönliche Prioritäten gesetzt werden. Es sollten nicht zu viele Ziele auf einmal bearbeitet werden (weniger ist manchmal mehr). Das Ziel sollte ein wirklich persönliches Anliegen sein (intrinsische Motivation) und es sollte genau überlegt werden, ob es auch wirklich aus eigener Kraft erreicht werden kann. Ein wesentlicher Schritt auf dem Weg zur Zielerreichung ist die schriftliche und vor allem gute Formulierung des Zieles. Es soll konkret, treffend und präzise niedergeschrieben werden – „wohlgeformt" sein (vgl. Fischer 2001, S. 37). Damit wird es klar festgehalten, und somit auch klar und leicht überprüfbar.

Ganz im Sinne von „I'm a teacher but I'm a learner too" kann nun eine vertiefende Weiterarbeit beginnen.

teaching and learning supervisors – they always activate a cognitive searching process.
What is more, questions may encourage a more open state of mind and an awareness of new perspectives, alternative solutions may be found or at least envisaged.

The following questions, which are designed to investigate in more detail the reader's abilities and skills within each particular area, may, insofar as they have been answered honestly, give a clear insight into the user's current learning position. They offer a means of analytical investigation of various competence areas – but do not, however, exclude the creation of one's own questions, which may be of greater importance and of greater relevance for the individual (space for such questions has been included at the end of each section).

"*Personal*" answers give an insight into the *individual's* state of development, into areas where potential has been exhausted or where there is room for further development. These personal answers are therefore highly individual indicators of the user's current position. This, in turn, may indicate further areas of potential development.

Using the questions given here, and/or the questions created by the user it is possible to determine in which areas strengths already exist and in which areas future challenges may lie. On the basis of these insights, there is potential for further development in the form of setting new personal aims which are both relevant and worthwhile.

"In contrast to wishes, hopes or vague visions, aims are tangible areas upon which we can act."
(Fischer-Epe 2011, p 77)

By setting personal priorities to begin with, aims can be achieved with a much higher degree of efficiency. It is important not to work on too many aims at the same time ("less" is sometimes "more"). The aim should be a specifically personal one (intrinsic motivation) and it is important to consider whether it can really be achieved by individual effort alone. An essential consideration is to formulate and also write down the aim. This will make achieving the aim considerably easier. It should be written down in a concrete, precise and accurate way – "well-formed" (cf Fischer 2001, p 37).
In this way there is a clear record and it can be easily assessed.

Taking as our watchword the saying "I'm a teacher but I'm a learner too" we can now start the development process.

Relevante Fragen, Antworten und Zielsetzungen für eine vertiefende Arbeit mit dem *Kompetenzprofil*

Kompetenzen	Relevante Fragen, „meine" Fragen...	„Meine" Antworten, Erkenntnisse, Hinweise/ dienliche Indikatoren...	„Meine" neuen Ziele, was möchte ich verändern, erreichen...
Selbstkompetenz			
Selbstsicherheit	Wie weit habe ich ein klares Selbstbild von mir? Wie weit bin ich mir meiner Sache und mir selbst sicher? Wie weit habe ich meine Selbstsicherheit entwickelt, sodass ich mich auch in schwierigen Situationen behaupten kann? Fühle ich mich frei in der Wahl meiner Emotionen?		
Lernbereitschaft	Woran erkenne ich meine Lernbereitschaft? Wie groß ist meine Eigenverantwortung bezüglich Weiterbildung? Wie intensiv nutze ich Möglichkeiten der Weiterbildung? Wie intensiv bereite ich mich vor? Wie viele Bücher lese ich außerhalb der Pflichtlektüre? Recherchiere ich bei Bedarf?		

Relevant questions, answers and aims for further personal development using the *competence profile*

Competences	Relevant questions, „my own" questions...	„My own" answers, insights, information, useful indicators...	„My own" new aims, what I would like to change, achieve...
Personal competence			
Self-confidence	To what extent do I have a clear idea of who I am? To what extent do I have confidence in who I am and what I do? To what extent is my self-confidence sufficiently well-developed to be able to cope with difficult situations? Do I feel free to express or hide my feelings as I like?		
Willingness to learn	What are the typical characteristics of my own willingness to learn? How much initiative do I personally show concerning my further professional development? To what extent do I take advantage of opportunities to further my professional development? How intensive is my preparation? How much non-obligatory literature do I read? Do I look things up when I need information?		

Kompetenzen	Relevante Fragen, „meine" Fragen...	„Meine" Antworten, Erkenntnisse, Hinweise/ dienliche Indikatoren...	„Meine" neuen Ziele, was möchte ich verändern, erreichen...
Leistungs-motivation	Wie hoch ist meine grundsätzliche Bereitschaft, das eigene Engagement hochzuhalten bzw. weiterzuentwickeln? Woran erkenne ich meine Leistungsbereitschaft? Was motiviert mich zur Leistung? Geht es mir in erster Linie darum, mein Pflichtpensum zu erfüllen oder bin ich von meiner Tätigkeit begeistert?		
Reflexions-fähigkeit	Gelingt es mir, meine Unterrichtsarbeit mit der notwendigen Distanz kritisch zu betrachten? Kann ich mein eigenes Tun und Handeln aus einer Metaperspektive betrachten? Wie weit mache ich mir Gedanken über die Impulse, die ich im Unterricht setze? Wie weit bin ich bereit, meine eigenen Anteile am Schülerverhalten wahrzunehmen? Hole ich mir auch Rückmeldungen von Schülern/ Schülerinnen und Kollegen/ Kolleginnen?		

Competences	Relevant questions, „my own" questions...	„My own" answers, insights, information, useful indicators...	„My own" new aims, what I would like to change, achieve...
Motivation to do well	How willing am I to maintain and increase my own level of dedication? What are the typical characteristics of my own motivation to do well? What is my motivation to do well? Am I interested principally in doing the bare minimum, or do I love my job?		
Ability to reflect	Am I able to assess my teaching with the necessary degree of impartiality? Am I able to consider my actions from a meta-perspective? To what extent do I reflect on the impulses I give in my teaching? To what extent am I prepared to accept that I also influence my pupils' behaviour? Do I ask my pupils and colleagues for feedback?		

Kompetenzen	Relevante Fragen, „meine" Fragen...	„Meine" Antworten, Erkenntnisse, Hinweise/ dienliche Indikatoren...	„Meine" neuen Ziele, was möchte ich verändern, erreichen...
Belastbarkeit	Wie entwickelt ist meine grundlegende Fähigkeit, etwas auf mich zu nehmen (kognitiv, emotional, sozial) inklusive der Konsequenz, Verantwortung dafür zu übernehmen? Wie anstrengend finde ich meine Tätigkeit als Lehrperson? Kann ich mich in bestimmten Situationen abgrenzen? Kann ich Prioritäten setzen?		

Was mir sonst noch wichtig ist im Bereich **„Selbstkompetenz"** / eigene Fragen / eigene Ideen / eigene Forschungswege ...

Competences	Relevant questions, „my own" questions...	„My own" answers, insights, information, useful indicators...	„My own" new aims, what I would like to change, achieve...
Ability to cope with pressure	How well-developed is my ability to take on tasks (cognitive, emotional, social) and also to take responsibility for them? How tiring is my job as a teacher? Am I able to distance myself from what is happening when I need to? Am I able to set priorities?		

What else is important for me in the area of **"personal competence"** / my own questions / my own ideas / my own research focus...

Kompetenzen	Relevante Fragen, „meine" Fragen...	„Meine" Antworten, Erkenntnisse, Hinweise/ dienliche Indikatoren...	„Meine" neuen Ziele, was möchte ich verändern, erreichen...
Sozialkompetenz			
Kommunikations-fähigkeit	Kann ich mich klar und verständlich aus-drücken? Kann ich Gespräche leiten und strukturie-ren? Habe ich kommuni-kationstheoretisches Hintergrundwissen? Erkenne ich kommuni-kative „Teufelskreise"? Kann ich gut zuhören? Kann ich Meinungen anderer verstehen, ohne sie gleich zu bewerten?		
Kooperations-fähigkeit	Wie gut kann ich mich auf andere Menschen einlassen? Wie offen kann ich auf andere Menschen zugehen? Wie gut kann ich mit anderen im Team ergebnisorientiert zusammenarbeiten?		
Achtsamkeit	Wie achtsam nehme ich Situationen und die darin agierenden Menschen wahr? Kann ich diese Art der eigenen „aufmerksa-men, achtgebenden" Wahrnehmung in Bezug zu anderen bewusst reflektieren (innerer Dialog)?		

Competences	Relevant questions, „my own" questions...	„My own" answers, insights, information, useful indicators...	„My own" new aims, what I would like to change, achieve...
Social competence			
Communicative skills	Can I express myself clearly? Can I lead and structure discussions? Do I have any background knowledge of the theory of communication? Am I able to recognize communicative "vicious circles"? Am I a good listener? Can I understand the arguments of others without immediately judging them?		
Ability to co-operate	How good am I at approaching other people? Can I be open towards other people? How well can I work in a team towards common goals?		
Awareness	How good am I at generally taking notice of situations, the people in them, and perceiving emotions? Am I able to reflect on this personal "awareness" of others (inner dialogue)?		

Kompetenzen	Relevante Fragen, „meine" Fragen...	„Meine" Antworten, Erkenntnisse, Hinweise/ dienliche Indikatoren...	„Meine" neuen Ziele, was möchte ich verändern, erreichen...
Empathie	Besitze ich Einfühlungs-vermögen? Wie gut kann ich mich in andere Menschen hineinversetzen und ihre Gefühle wahrneh-men und nachempfin-den? Wie gut kann ich mit Nähe und Distanz / Zuwendung in Er-ziehungssituationen umgehen?		

Was mir sonst noch wichtig ist im Bereich **„Sozialkompetenz"** / eigene Fragen / eigene Ideen / eigene Forschungswege ...

Competences	Relevant questions, „my own" questions...	„My own" answers, insights, information, useful indicators...	„My own" new aims, what I would like to change, achieve...
Empathy	Do I have the ability to empathise? To what extent am I able to put myself in the position of others and be aware of and empathise with their feelings? To what extent am I able to cope with closeness and distance / to give attention in educational situations?		

What else is important for me in the area of **"social competence"** / my own questions / my own ideas / my own research focus...

Kompetenzen	Relevante Fragen, „meine" Fragen...	„Meine" Antworten, Erkenntnisse, Hinweise/ dienliche Indikatoren...	„Meine" neuen Ziele, was möchte ich verändern, erreichen...
Klassenführungskompetenz			
Leitungskompetenz	Wie sehr bin ich mir meiner Führungsrolle als Lehrperson bewusst? Wie gut kann ich mit meiner Führungsrolle als Lehrperson umgehen? Übernehme ich Verantwortung für meine Entscheidungen? Wie hoch ist meine Bereitschaft, die aus der Verantwortungsübernahme resultierenden Konsequenzen auch zu meistern?		
Organisieren	Wie sehr ist meine grundsätzliche Fähigkeit, Dinge strukturiert wahrnehmen zu können, entwickelt? Wie sehr ist meine Fähigkeit, Situationen und die darin agierenden Personen strukturiert wahrnehmen zu können, entwickelt? Wie sehr ist meine Fähigkeit entwickelt, im Sinne der soeben erfragten Wahrnehmungsfähigkeit auch dementsprechend handeln zu können? Wie gut bin ich im Organisieren von Aktionen? Wie gut bin ich im Organisieren von Gruppen?		

Competences	Relevant questions, „my own" questions...	„My own" answers, insights, information, useful indicators...	„My own" new aims, what I would like to change, achieve...
Classroom management competence			
Leadership ability	To what extent am I aware of my leadership role as a teacher?		
	How well am I able to cope with my leadership role as a teacher?		
	Do I take responsibility for my decisions?		
	To what extent am I prepared to attempt to cope with the consequences of taking responsibility for my decisions?		
Organisation	How well-developed is my basic ability to recognise things in a structured way?		
	How well-developed is my basic ability to recognise structures in situations involving people?		
	How well-developed is my basic ability to act appropriately based on my ability to recognise the above-mentioned structures?		
	How good am I at organising my actions?		
	How good am I at organising groups?		

Kompetenzen	Relevante Fragen, „meine" Fragen...	„Meine" Antworten, Erkenntnisse, Hinweise/ dienliche Indikatoren...	„Meine" neuen Ziele, was möchte ich verändern, erreichen...
Flexibilität	Wie gut kann ich mich auf neue Situationen und Bedingungen einstellen? Wie gut verarbeite und handhabe ich Veränderungen? Strebe ich selbst Veränderungen an?		
Umgang mit Konflikten	Wie gut erkenne ich einen Konflikt? Wie gut kann ich Ursachen von Konflikten aufdecken (Konfliktdiagnose)? Wie gut kann ich durch meine Interventionen Konflikte be- bzw. aufarbeiten? Kann ich Lösungsansätze für Konflikte finden? Kann ich Konflikte auch als Chance sehen?		

Was mir sonst noch wichtig ist im Bereich **„Klassenführungskompetenz"** / eigene Fragen / eigene Ideen / eigene Forschungswege ...

Competences	Relevant questions, „my own" questions...	„My own" answers, insights, information, useful indicators...	„My own" new aims, what I would like to change, achieve...
Flexibility	How good am I at adapting to new situations and conditions? How good am I at coping with change? Do I make a conscious effort to bring about change?		
Mediation skills	How good am I at recognising conflicts? How good am I at establishing the causes of conflicts (conflict diagnosis)? How good am I at dealing with conflicts? Am I able to resolve conflicts? Am I able to see conflicts as an opportunity?		

What else is important for me in the area of **"classroom management competence"** / my own questions / my own ideas / my own research focus...

Kompetenzen	Relevante Fragen, „meine" Fragen...	„Meine" Antworten, Erkenntnisse, Hinweise/ dienliche Indikatoren...	„Meine" neuen Ziele, was möchte ich verändern, erreichen...
Lehrkompetenz			
Adäquate Methodenwahl	Wie gut kann ich für jeden Lehrinhalt die adäquate Methode finden? Wie groß ist mein Repertoire an Methoden, um im Bedarfsfall darauf zurückgreifen zu können? Wie groß ist mein Interesse und meine Bereitschaft, neue Methoden zu suchen bzw. mich mit ihnen auseinanderzusetzen?		
Methodisch-didaktische Vermittlung	Wie gut gelingt es mir, Schülern/ Schülerinnen Inhalte zu vermitteln – „es hinüber zu bringen" – und wie vergewissere ich mich diesbezüglich hinsichtlich meines Erfolges? Wie weit gelingt es mir, Schülern/ Schülerinnen auch sehr schwierige Inhalte zu erklären?		
Didaktisches Arbeitsmaterial	Wie weit setze ich die zur Verfügung stehenden Lernmaterialien im Unterricht ein? Wähle ich didaktisches Arbeitsmaterial kritisch aus? Wie weit gelingt es mir, eigene Unterrichtsmaterialien zu entwickeln?		

Competences	Relevant questions, „my own" questions…	„My own" answers, insights, information, useful indicators…	„My own" new aims, what I would like to change, achieve…
Teaching competence			
Appropriate choice of methods	How good am I at selecting the appropriate method for lesson content? How wide is my methodological repertoire, should I be forced to fall back on it? To what extent am I interested in and prepared to look for and try out new methods?		
Methodological-didactical skills	How good am I at transmitting knowledge to pupils – "getting it across" – and how do I check how successful I have been? How good am I at explaining very difficult things?		
Didactically suitable materials	To what extent do I use the materials available to me in my lessons? Am I critical in my selection of didactically suitable materials? How successful am I at creating my own materials?		

Kompetenzen	Relevante Fragen, „meine" Fragen...	„Meine" Antworten, Erkenntnisse, Hinweise/ dienliche Indikatoren...	„Meine" neuen Ziele, was möchte ich verändern, erreichen...
Lernförderung	Wie weit gelingt es mir, die Schüler/-innen für ihr eigenes Lernen zu begeistern? Wie gut gelingt es mir, individuelle Lernwege von Schülern/ Schülerinnen zu unterstützen? (Individualisierung) Wie weit gelingt es mir, Lehr- und Lerninhalte so aufzubereiten, dass ein differenziertes Angebot vorliegt? (Differenzierung) Was brauche ich als Lehrperson, dass ich vom „Vermittler" zum „Lernanreger" werden kann?		

Was mir sonst noch wichtig ist im Bereich **„Lehrkompetenz"** / eigene Fragen / eigene Ideen / eigene Forschungswege ...

Competences	Relevant questions, „my own" questions...	„My own" answers, insights, information, useful indicators...	„My own" new aims, what I would like to change, achieve...
Promoting learning	To what extent am I successful in making children interested in learning? To what extent am I successful in supporting the learning processes of individual children (individualisation)? To what extent am I successful in preparing materials with a varying level of difficulty (differentiation)? What help would I need to change myself from a "transmitter of knowledge" to a "learning motivator"?		

What else is important for me in the area of **"teaching competence"** / my own questions / my own ideas / my own research focus...

Kompetenzen	Relevante Fragen, „meine" Fragen...	„Meine" Antworten, Erkenntnisse, Hinweise/ dienliche Indikatoren...	„Meine" neuen Ziele, was möchte ich verändern, erreichen...
Sachkompetenz			
Fachliche Planungen	Wie weit entspricht meine Unterrichts-vorbereitung den Forderungen nach Sachgerechtheit und Ausführlichkeit?		
Sachkundiges Wissen	Wie weit entspricht mein sachkundiges Wissen den Anforde-rungen im Unterricht? Habe ich in bestimm-ten Bereichen Spezial-wissen? Habe ich in bestimm-ten Bereichen größeren Lernbedarf?		

Competences	Relevant questions, „my own" questions...	„My own" answers, insights, information, useful indicators...	„My own" new aims, what I would like to change, achieve...
Subject competence			
Subject-based planning	To what extent is my planning factually accurate and sufficiently detailed?		
Subject knowledge	To what extent is my subject knowledge adequate for the requirements of my classes? Do I have areas of specialist knowledge? Are there areas where I need to improve my knowledge?		

Kompetenzen	Relevante Fragen, „meine" Fragen...	„Meine" Antworten, Erkenntnisse, Hinweise/ dienliche Indikatoren...	„Meine" neuen Ziele, was möchte ich verändern, erreichen...
Moderations-techniken	Wie weit genügt meine Tafelschrift der Forderung nach Vorbildlichkeit? Wie weit kenne ich mich aus im Umgang mit den vorhandenen Medien? Wie zahlreich wechsle ich den Einsatz vorhandener Medien bzw. suche ich nach kreativen Einsatzmöglichkeiten oder neuen Moderationstechniken?		

Was mir sonst noch wichtig ist im Bereich **„Sachkompetenz"** / eigene Fragen / eigene Ideen / eigene Forschungswege ...

Competences	Relevant questions, „my own" questions…	„My own" answers, insights, information, useful indicators…	„My own" new aims, what I would like to change, achieve…
General facilitation techniques	To what extent is my blackboard writing exemplary? How competent is my use of available media? How often do I vary my use of available media or attempt to use them creatively, or try to find new facilitation techniques?		

What else is important for me in the area of **"subject competence"**/ my own questions / my own ideas / my own research focus…

Kompetenzen	Relevante Fragen, „meine" Fragen...	„Meine" Antworten, Erkenntnisse, Hinweise/ dienliche Indikatoren...	„Meine" neuen Ziele, was möchte ich verändern, erreichen...
Sprachkompetenz			
Unterrichts-sprache	Wie weit beherrsche ich die Unterrichts-sprache? Wie gut beherrsche ich die Grammatik der Unterrichtssprache? Wie gut beherrsche ich die Rechtschreibung der Unterrichts-sprache?		
Verständlichkeit	Wie weit kann ich die Prinzipien der Verständlichkeit (Einfachheit, Gliederung, Ordnung, Treffsicherheit und zusätzliche Stimulation) anwenden?		
Atem und Stimme	Setze ich Atem und Stimme bewusst ein? Bin ich mir auch der dabei wichtigen gesundheitlichen Aspekte bewusst?		

Competences	Relevant questions, „my own" questions...	„My own" answers, insights, information, useful indicators...	„My own" new aims, what I would like to change, achieve...
Linguistic competence			
Use of the language of instruction	How good is my command of the language of instruction? How good is my command of the grammar of the language of instruction? How good is my command of the spelling of the language of instruction?		
Comprehensibility	To what extent am I able to apply the principles of comprehensibility (simplicity, structure, accuracy, additional stimulation)?		
Breathing and voice	Do I consciously make use of breathing techniques and use my voice correctly? Am I aware of the most important health aspects?		

Kompetenzen	Relevante Fragen, „meine" Fragen...	„Meine" Antworten, Erkenntnisse, Hinweise/ dienliche Indikatoren...	„Meine" neuen Ziele, was möchte ich verändern, erreichen...
Körpersprache	Wie groß ist meine Aufmerksamkeit hinsichtlich körpersprachlichen Signalen? Wie weit gelingt es mir, die Körpersprache von Gesprächspartnern zu verstehen bzw. zu deuten? Wie weit bin ich mir der eigenen Körpersprache bewusst?		

Was mir sonst noch wichtig ist im Bereich **„Sprachkompetenz"** / eigene Fragen / eigene Ideen / eigene Forschungswege ...

Competences	Relevant questions, „my own" questions...	„My own" answers, insights, information, useful indicators...	„My own" new aims, what I would like to change, achieve...
Body language	To what extent am I aware of body language signals? How successful am I in understanding and interpreting the body language of people I am speaking to? How aware am I of my own body language?		

What else is important for me in the area of **"linguistic competence"** / my own questions / my own ideas / my own research focus...

8. Resümee und Zukünftiges

Das im Forschungsprozess erarbeitete und seit 2004 in der Schulpraxis laufend erprobte *Kompetenzprofil* hat sich als ein gut handhabbares Instrument bei der Zusammenführung von Rückmeldungen über essenzielle Kompetenzen in der Schulpraxis erwiesen. Es erfasst die für den Lehrberuf am wesentlichsten erachteten Fähigkeiten und Fertigkeiten, die wichtigsten erforderlichen Basiskompetenzen.

In diversen Beratungssituationen ist ein Austausch über einen derzeitigen Entwicklungsstand dieser Kompetenzen *zwischen* Lehrenden und Studierenden wichtig, denn es braucht zweierlei – einerseits braucht es „... Bildungsfachleute, die aufgrund von Unterrichtsbeobachtungen imstande sind, eine fundierte und entwicklungsorientierte Rückmeldung zu geben". (Herzog 2010, 64) Andererseits braucht es aber auch selbstkritische und Verantwortung übernehmende Studierende. Durch das Forcieren der Selbsteinschätzung der Studierenden sind sie als Lernende nicht mehr *nur Beurteilte*, sondern können sich zu *„selbstbewussten Partnern in einer Lerngemeinschaft"* (Winter 2007, S. 40) entwickeln.

Das Instrument *Kompetenzprofil* kann demnach Teil einer Unterstützung bei der Selbsterkundung des professionellen Könnens sein. Die Auswirkungen des Einsatzes dieses Instrumentes sind nach Meinung der Autorin jedoch wesentlich abhängig vom persönlichen „Umgang" damit, also von der grundlegenden Einstellung dem Lehren und Lernen gegenüber. Weiters ist es wesentlich, in welchem Setting es angewendet wird. Als vorteilhaft wird hier ein solches eingestuft, welches sich auf die Beratung der Lernenden konzentriert (vgl. Mayr 2001, 95).

Bei zukünftigen Auseinandersetzungen über das Zustandekommen eines *individuellen Kompetenzprofils* bei Lehrpersonen gilt es den dazu führenden Weg, die prozessualen Lehr- und Lerntätigkeiten, die zum Produkt – zur realisierten Kompetenzbeschaffenheit – führen, genau und unter Einbeziehung unterschiedlicher Perspektiven anzuschauen und zu untersuchen.

Individuelle Lehr- und Lernwege zu beachten, sich darüber auszutauschen, sich der eigenen „Feldstruktur der Aufmerksamkeit" (Scharmer 2009, S. 37) bewusst zu werden, im Dialog Klarheit über bereits bestehende und weitere erforderliche Kompetenzen zu gewinnen und diese situativ an Hand von relevanten Indikatoren zu prüfen und weiterzuentwickeln – darin liegt die eigentliche Herausforderung im Lerngeschehen. Die individuelle Könnerschaft „... *zeigt sich letztlich darin, aufgrund des eigenen Wissens und der pädagogischen Urteilskraft das für die spezifische Situation ‚Richtige' zu tun"*. (Schratz 2008, S. 136)

Sich des eigenen Könnens bewusst zu sein, die eigenen Fähigkeiten und Fertigkeiten sehr genau zu kennen, sind Faktoren, die prinzipiell entscheidend für das Selbstvertrauen und die Motivation jedes Menschen sind. Und sie sind es erst recht für Lehrpersonen – für Menschen, deren Aufgabe es wiederum ist, andere zu motivieren, bei anderen Selbstvertrauen aufzubauen und sie in ihrer Kompetenzentwicklung zu unterstützen.

In diesem Sinne soll die Arbeit mit dem *Kompetenzprofil* neue Erkenntnisse und motivierende Bestätigungen für jeden Einzelnen bringen und so die Reiselust für neue, noch unentdeckte Wege im Lehrberuf wecken.

8. Conclusions and looking to the future

The *competence profile*, developed as the result of a research project and in constant use in school experience since 2004, has proved itself to be a practical tool for collating feedback on essential competences in teaching practice.
It gathers information on the most essential abilities and skills, and the most important competences required for the teaching profession.

In many different situations it is the exchange of views between trainee and supervisor on the current state of competence development which is decisive, since two aspects are important – on the one hand there is a need for "... trained educators, who can give detailed and developmental feedback on lessons they have observed." (Herzog 2010, p 64)
On the other hand it is essential for students to be self-critical and to take on responsibility. By emphasising the importance of student self-evaluation, instead of being *simply the assessed*, they become "confident members of a learning partnership". (Winter 2007, p 40)

In this way the *competence profile* can contribute to the user's personal investigation into his professional ability. The results obtained by using the *Competence Profile* depend considerably, in the opinion of the author, on the way in which it is used by the individual, by the user's attitudes to teaching and learning. Another important factor is the setting in which it is used. A setting which concentrates on *advising* the learner may be seen as advantageous (cf Mayr 2001, p 95).

Future work with the *competence profile*, when it is used for creating individual profiles for teachers, should include a precise observation and investigation of, from varying perspectives, the processes of teaching and learning which lead to the product – practical competences.

The real challenge ahead of us in the field of learning lies in focusing on individual teaching and learning processes, exchanging views thereon, becoming conscious of one's own "attention structure" (Scharmer 2009, p 37), clarifying, as part of a dialogic process, existing and further desirable competences, and testing and improving these using relevant indicators. Individual expertise "... is demonstrated, in the end, by doing the 'right' thing in the specific situation, based on one's own knowledge and powers of pedagogical judgement." (Schratz 2008, p 136)

Being aware of one's own level of knowledge, knowing one's abilities and skills exactly are factors which are critical for every person's self-confidence and motivation, all the more so for teachers, people whose task it is to motivate and foster self-confidence in others, to support them in developing their own competences.

With this in mind, using the *competence profile* should, for every user, be a source of confirmation but also bring new insights, and thus awaken the desire to go down untrodden paths in the teaching profession.

English translation: Neil Stainthorpe MA

Anhang

Appendix

Verbale Beschreibung der Leistungen in der Schulpraxis

Semesterrückschau SS 2010/11 – V2
Student: XY
Praxislehrerin: XY
Praxisbetreuerin: XY

Kompetenzen

Selbstkompetenz

Natürlichkeit, ausgewogenes Nähe-Distanzverhalten zu den Kindern und Überzeugtheit zeichnen deinen Auftritt vor der Klasse aus.

Du fühlst dich voll und ganz für den Ablauf verantwortlich und reagierst besonnen auf die Fragen und Antworten der Kinder. Du nimmst nichts vorweg und lässt den Kindern das Wort, ohne deine Ziele aus den Augen zu verlieren.

Du betrachtest deine Arbeit mit den Kindern selbstkritisch, artikulierst deine Zufriedenheit und Freude genauso wie dein Unbehagen in manchen Situationen.

Dein überaus großes Engagement und deine Begeisterung für die Arbeit mit den Kindern waren ganz besonders in der Blockwoche zu spüren!

Sozialkompetenz

Es war sehr schön und produktiv mit dir zusammenzuarbeiten. Dein großes Interesse an den sozialen Abläufen in der Klasse, am Umfeld der Kinder, an der Arbeit mit den Eltern und an allen Abläufen, die das Unterrichtsgeschehen beeinflussen, zeigt deine Identifikation mit der Lehrerrolle und einen praxisnahen Bezug zum Berufsbild des Lehrers. Du hast einen achtsamen und wertschätzenden Umgang mit Kindern und bist auch in der Lage dich abzugrenzen, wenn einzelne Kinder sehr nahe kommen. Besonderes Interesse hast du am Verhalten der Kinder. Ich war immer wieder erstaunt, wie intensiv du in nur kurzer Zeit die Interaktionen der Kinder wahrnimmst.

Durch deine Kooperationsbereitschaft und -fähigkeit war die Zusammenarbeit mit dir von sehr gutem „Teamgeist" erfüllt.

Klassenführungskompetenz

Würde man als Außenstehender in die Klasse kommen, bestünde kein Zweifel daran, dass du der Klassenlehrer bist.

Du nimmst deine Rolle als Lehrer selbstbewusst wahr und fühlst dich für das unterrichtliche Geschehen vollkommen verantwortlich.

Das Unterrichten macht dir Spaß und du bist in der Lage flexibel auf nicht vorhersehbare Situationen einzugehen.

Mit großer Präsenz nimmst du auch Konfliktsituationen wahr. Du schaust nicht weg und siehst stets das Potenzial im Kind, selbst Lösungen zu finden. Du beobachtest und wartest ab und das Wohlbefinden aller Kinder ist für dich sehr bedeutsam.

Du bewahrst stets den Überblick über den Verlauf und ermöglichst den Kindern durch klar strukturierten Unterricht zielgerichtetes, geordnetes und individuelles Lernen.

Lehrkompetenz

Deine überaus große Präsenz im Unterrichtsgeschehen, deine Flexibilität in unvorhersehbaren Situationen und deine Gabe, sich in die Denkprozesse der Kinder einzufühlen, ermöglichen dir einen effektiven und kinderorientierten Verlauf deiner Unterrichtsstunden.

Du wählst angemessene Methoden zur Vermittlung von Inhalten und versuchst stets die passende Sozialform für das Lernen der Kinder zu finden. Vor allem lässt du den Kindern RAUM und ZEIT fürs Lernen. Du beobachtest die Effektivität des Lernens und reflektierst die von dir eingeleiteten Lernprozesse.

Du bist immer bestrebt, den Unterricht für die Kinder abwechslungsreich und zielorientiert zu gestalten. Du überdenkst die Effektivität und Effizienz bei der Ausarbeitung von Materialien.

Die Stationenbetriebe waren überaus genau vorbereitet und gut durchstrukturiert. Die Wahl der Materialien war bewusst gewählt und frei von überflüssigen Nebeneffekten. Es gelingt dir sehr gut, prägnante und verständliche Arbeitsaufträge zu stellen. Die Arbeit machte den Kindern sichtlich Spaß. Auch der zeitliche Ablauf war wohlüberlegt und du warst immer bereit für Abänderungen, die sich aus der Situation ergaben.

Sachkompetenz

Du hast dich stets intensiv mit den Themen auseinandergesetzt und dich in neue Themen gut eingearbeitet. Du hast den Kindern ausreichendes und altersgemä-

Teaching practice progress report

End of summer term 2010/2011
Student XY
School supervisor XY
College supervisor XY

Competences

Personal competence

Naturalness, an appropriate sense of distance to the children and your sense of self-belief characterise your presence in the classroom.

You take full responsibility for what goes on and you react calmly to the children's questions and answers. You let the children react to a topic without influencing them beforehand, but all the while keeping your aims in mind.

You are self-critical of your work with the children and express your satisfaction and pleasure, but also, when appropriate, your concern.

Your commitment and enthusiasm for your work with the children were particularly noticeable during the teaching practice block!

Social competence

It was not only productive but also a pleasure to work with you. Your interest in social interaction in the classroom, the children's backgrounds, parent-teacher co-operation, indeed any process influencing classroom life, indicates how closely you identify with your role as a teacher and demonstrates a realistic approach to the teaching profession. Your way of dealing with children is careful and appreciative, and you are also able to create distance when individual children get too close. You are very interested in the children's behaviour. I was surprised more than once by how you managed to observe the children's interaction so perceptively in such a short time.

It was easy to develop a sense of "team spirit" with you, thanks to your willingness and ability to co-operate.

Classroom management competence

Any outsider coming into the classroom would be in no doubt that you are in charge. You feel confident about your role as a teacher and feel completely responsible for what goes on in class.

You enjoy teaching and are flexible enough to react to unforeseen situations.

You react positively when conflicts arise. You don't ig-nore what happens, but always try and make use of the child's potential to find its own solution to the problem. You watch and wait for the right moment and it is important for you that all the children feel comfortable. You have a good overview of what is happening and your well-structured lessons make it possible for the children to learn in a purposeful, ordered and individual way.

Teaching competence

Your self-confident manner in class, your flexibility in unforeseen situations and your ability to empathise with your pupils' thought processes mean that your lessons are both effective and child orientated.

Your choice of teaching methods is appropriate and you always try to find the most suitable format for the children's learning. Above all, you give the children TIME and SPACE to learn. You observe the effectiveness of the children's learning and reflect upon the learning processes you have initiated.

You always do your best to make your lessons as varied and as goal orientated as possible. You carefully consider the efficacy and efficiency of your materials.

The carousel activities were well-prepared and well-structured. You selected your materials carefully and efficiently. Your instructions are concisely and clearly formulated, and the children obviously enjoyed their work. The timing of your activities was well-thought-through and you were always capable of reacting spontaneously to unexpected situations

Subject competence

You always familiarised yourself with and prepared new topics thoroughly. You provided the children with sufficient age-appropriate materials to enable them to deal with a topic in depth.

Autonomy and differentiation were always important considerations for you. During preliminary discussions the children's current level of knowledge was always important for you and thanks to your precise observation during open learning phases you were able to allo-

ßes Material zur Verfügung gestellt, um ihnen die Vertiefung in ein Sachgebiet zu ermöglichen. Selbsttätigkeit und Differenzierung waren dir dabei immer sehr wichtig. Vorrangig bei den Vorbesprechungen war für dich der Lernstand der Kinder und durch genaue Beobachtungen in der Freiarbeit ist es dir sogar gelungen, differenzierte Arbeitsblätter in Mathematik den Kindern dem Können entsprechend ohne meine Mithilfe zuzuordnen.

Sprachkompetenz

Du kannst dich sowohl in deiner Sprache als auch im Tonfall sehr gut an das Alter der Kinder und an Situationen anpassen. Du sprichst mit den Kindern in Schriftsprache und bist klar verständlich.
In deiner Sprache, Mimik und Gestik ist absolute Wertschätzung für das Kind spürbar..

Es war für mich und die Kinder ein überaus schönes, kreatives, teamorientiertes und produktives Arbeiten mit dir. Schade, dass die Zeit schon vorbei ist! Ich wünsche dir weiterhin viel Freude, ganz besonders für die erste Zeit deiner Unterrichtserfahrung, Kinder, mit denen das Arbeiten so richtig Spaß macht und die dich zugleich fordern und dich somit wachsen lassen.

„Die Aufgabe der Umgebung ist es nicht, das Kind zu formen, sondern ihm zu erlauben, sich zu offenbaren."
Maria Montessori

In diesem Sinne von ganzem Herzen alles Gute!

Die Praxislehrerin

cate differentiated worksheets for maths, suited to the children's abilities, without my help.

Linguistic competence

You are very good at adapting your language and intonation to the age of the children and the situation. You use standard German when talking to the children and are easily comprehensible. Your language, mime and gesture reflect your respect and appreciation for the children.

Our work together was both for the children and myself pleasant, creative, team orientated and productive. I am sorry that time has come to an end! I would like to wish you much happiness, particularly for the beginning of your teaching career, and also that you have the opportunity to teach children who are fun to work with, but who also challenge you and give you the opportunity to develop.

"It is not the task of the environment to form the child, but to allow him to reveal himself."
Maria Montessori

With these words I wish you all the best!

The school supervisor

Verbale Beschreibung der Leistungen in der Schulpraxis

WS 2011/12 – V3
Student: XY
Praxislehrerin: XY
Praxisschule: VS XY

Verbale Beschreibung der Kompetenzen

Selbstkompetenz

Anfänglich warst du überaus vorsichtig und etwas zurückhaltend im Umgang mit den Kindern. Ich hatte den Eindruck, dass du unsicher warst, was du von den Kindern einfordern kannst und es dir sogar ein bisschen unangenehm war, ihnen etwas abzuverlangen. Du hast die Tipps aus den Nachbesprechungen sofort umgesetzt und bist von Mal zu Mal klarer in deinen Anweisungen geworden. Durch deine gute ehrliche Selbstreflexion war es dir möglich, sehr rasch Sicherheit für Situationen, die dir anfangs Unbehagen bereiteten, zu gewinnen. Dein Selbstbewusstsein hat sich enorm gesteigert.

Da du in der Reflexion und auch in der Vorbesprechung klar angesprochen hast, was dir sowohl inhaltlich als auch methodisch Schwierigkeiten in der Einschätzung bereitet, konnten wir gemeinsam Lösungswege finden, die dir in der Folge bei der Vorbereitung und der Umsetzung halfen. Die Bestätigung für deine Überlegungen war dir immer sehr wichtig.

Ich hatte stets den Eindruck, dass dir die Arbeit mit den Kindern Freude bereitet und du warst motiviert deine Vorbereitungen gut zu überlegen und auszuführen. Du wolltest oft Neues ausprobieren, um möglichst viele Erfahrungen zu sammeln.

Sozialkompetenz

Du zeigst großes Interesse am Lernen und Leben der Kinder und hast einen sehr wertschätzenden Umgang mit den Kindern. Du kannst dich in konkreten Situationen in die Sicht- und Erlebnisweise der Kinder versetzen. Du gibst ihnen fördernde Rückmeldungen und hast positive Erwartungen an die Kinder. Du nimmst soziale Abläufe wahr und lässt dich auf Gespräche mit den Kindern ein. Die Kinder schätzen deine Achtsamkeit und hören dir gerne zu. Es gelang dir, eine gute Ausgewogenheit zwischen aktivem Zuhören, Zulassen von Wortmeldungen der Kinder und zielorientierter Gesprächsführung herzustellen.
Deine Liebe zu Kindern ist absolut spürbar und du bist überaus geduldig.

Klassenführungskompetenz

Da es für dich anfangs schwierig war, nach einer Pausensituation für Ruhe zu sorgen, hast du selbst den Wunsch geäußert, dies immer wieder zu versuchen. Es gelingt dir nun problemlos, indem du klare Anweisungen gibst, einzelne Kinder konkret ansprichst und nicht zu viel Zeit dafür aufwendest. Sofort zielorientiert an die Arbeit zu gehen, hilft dir dabei.
Du forderst die Aufmerksamkeit während deines Unterrichts von der Gruppe, aber auch von einzelnen Kindern, sowohl durch Ich-Botschaften als auch durch Aufforderungen an die Kinder zu einem bestimmten Verhalten ein. Du fühlst dich für den Ablauf der Stunde verantwortlich und bist präsent. Du verfolgst die Eigendynamik der Unterrichtsentwicklung und reagierst auf Abweichungen mit Bedacht und Ruhe.
Die Übereinstimmung zwischen Sprache, Mimik und Gesamtausdruck bietet für die Kinder eine gute Orientierung.
Du nimmst Konfliktsituationen der Kinder wahr und besprichst diese mit ihnen. Du achtest darauf, dass sich die Kinder an vereinbarte Regeln halten.

Lehrkompetenz

Du hast dich immer bemüht, den Unterricht für die Kinder abwechslungsreich zu gestalten und verschiedene Sozialformen bei der Vermittlung der Inhalte gewählt. Du hast die Lerninhalte gegliedert und aufbauend dargeboten. Die Erarbeitung neuer Inhalte ist dir mehrheitlich zielorientiert und mit Lernerfolgen der Kinder gelungen.
In besonders guter Erinnerung sind mir deine Musikstunden, die du liebevoll mit Anschauungsmaterial belebtest. Ich werde nie die von dir angefertigten 102 Gespensterchen vergessen. Auch deine Turnstunde mit den Kuscheltieren der Kinder war besonders beeindruckend. Deine Unterrichtsmaterialien waren immer sehr schön ausgefertigt.
Du hast großes Geschick, die Gefühlsebene der Kinder anzusprechen und auf ihre Bedürfnisse auch spontan zu reagieren.
Du hast den Kindern fächerübergreifendes Lernen ermöglicht und natürliche Lernanlässe aufgegriffen.

Teaching practice progress report

End of winter term 2011/2012 – V3
Student XY
School supervisor XY
College supervisor XY

Description of competences

Personal competence

At the beginning of the term you were very careful and a little reserved in your dealings with the children and I had the impression that you were uncertain as to how much you could ask of the children, and that you sometimes even felt uncomfortable asking the children to do things. However, you put the advice you were given after the lessons into practice immediately, and your instructions became clearer from week to week. Your honest and competent self-reflection enabled you to quickly feel confident in situations where at the start of term you felt uncomfortable. Your self-confidence has greatly increased. The fact that you always clearly stated (in our discussions before and after your lessons) where you felt you had difficulty, in respect to both content and methods, made it easy for us to find solutions which helped you in your preparation and also in the classroom. It was always important for you to get confirmation for your ideas.
I always had the impression that you liked working with the children and your motivation to prepare and teach your lessons carefully was high. You often wanted to try out new things, in order to broaden your professional experience.

Social competence

You show great interest in both the children's learning and their daily lives in general and you deal with them in a caring and respectful way. You can see things from the children's perspective and you give them supportive feedback and have positive expectations. You are aware of social interaction in the class and are willing to have conversations with the children. The children appreciate your awareness and like listening to you. You succeeded in balancing active listening, letting children have their say and leading discussions in a goal orientated way. It is obvious that you love children and you are extremely patient.

Classroom management competence

At the beginning of term you wanted to be given the opportunity to try calming the children down after breaks, as you realised that this was difficult for you. This is no longer a problem, as you give the children clear instructions, talk to individual children directly, and don't spend too much time waiting. The way you immediately focus on specific tasks is very useful here.
You get the attention of the class, but also of individual pupils during lessons by your use of I-statements, and by asking pupils to behave in a particular way.
You feel responsible for what goes on in the lessons and your presence in the classroom is clearly noticeable. You let lessons develop in their own way and react to unexpected changes of course quietly and thoughtfully. The combination of your language, mime and the overall impression you give makes it easy for the children to know what you expect. You don't ignore the children's conflicts but discuss them with the children, making sure that the children stick to agreed rules.

Teaching competence

You always tried to make your lessons varied and alternated between different organisational forms. Your lessons were clearly structured and demonstrated a logical progression. You managed to present new material for the most part in a goal orientated way and the children's learning outcomes were positive.
I particularly liked your music lessons, which you presented in such a lively way using such well-chosen visual aids. I will never forget the 102 little ghosts you made!
Your PE lesson with the cuddly toys was particularly impressive. Your teaching materials were always carefully prepared. You are very responsive to the pupils' feelings and good at reacting spontaneously to their needs. You made it possible for the children to learn in a cross-curricular way and to use natural learning situations.
Sometimes in maths you found it difficult to keep your overall aims in mind and to come up with a clear structure. It is essential that you learn to reduce mathematical functions to small steps and present them in such a way. Isolating difficult steps and then consequently combining them to a whole would be a help to you in preparing and carrying out your maths lessons.
For the most part you stuck to your lesson plans during the lessons. Whenever you deviated from your plan you were able to justify and also reflect on it.

In Mathematik fiel es dir teilweise schwer, das Ziel im Auge zu behalten und einen einfachen klaren Aufbau zu finden. Es ist sehr wichtig, dass du dich mit der Zerlegung mathematischer Operationen in kleine Schritte auseinandersetzt und in der Folge auch darbietest. Die Isolierung der Schwierigkeit und die anschließende Zusammenführung einzelner erreichter Ziele sollen dir bei der Vorbereitung und bei der Umsetzung mathematischer Inhalte als Hilfe dienen.

Mehrheitlich hast du dich beim Unterrichten an die Struktur deiner Planungen gehalten.
Abweichungen hast du begründet und über die Sinnhaftigkeit reflektiert.
Bei der Methodenwahl hast du gerne Unterstützung angenommen und auch selbst durch gezielte Fragestellungen Hilfe erbeten.

Sachkompetenz

Du hast dich mit den Inhalten deiner Unterrichtsstunden auseinandergesetzt, eine Auswahl getroffen und diese kindgemäß aufbereitet.
Du hast dich fortwährend um einen strukturierten Aufbau bemüht, bist dabei vom Einfachen zum Komplexen übergegangen und hast das Interesse der Kinder für den Stoff geweckt.

Sprachkompetenz

Du kannst dich sowohl mit der Wortauswahl als auch im Tonfall sehr gut an das Alter der Kinder und an Situationen anpassen. Du sprichst mit den Kindern größtenteils in korrekter Schriftsprache, artikulierst deutlich und deine Lautstärke ist angemessen.

Als du im Oktober zu uns in die Klasse gekommen bist, war die Arbeit mit den Kindern extrem anspruchsvoll und anstrengend. 24 ErstklasserInnen zu motivieren, ihre Neugierde zu stillen, ihre Grenzen der Belastbarkeit zu erkennen und den Schultag für sie ansprechend zu gestalten, ist tatsächlich eine Herausforderung. Ihr Studierenden wart für mich eine überaus wertvolle Unterstützung. Die Kinder haben euch sofort freudig aufgenommen und akzeptiert. Durch deine Eigenständigkeit bei der Arbeit mit den Kindern, bekam ich kleine Freiräume, um die Kinder zu beobachten. Das half mir für die Arbeit mit ihnen unglaublich weiter. Seither sind riesige Sprünge getan und du konntest eine wunderbare Entwicklung miterleben. Wie ein Schwamm saugen die Kinder nun die neuen Inhalte auf und erarbeiten selbstständig die Lerninhalte.
Du hast in der Unterrichtsarbeit mit den Schulanfängern/-anfängerinnen zahlreiche Kompetenzen bewiesen, erweitert und erworben. Auch die Nachbesprechungen mit euch beiden waren immer höchst interessant und zielorientiert. Der kritische Blick, der humorvolle Umgang mit kleinen Pannen und die Freude an der Arbeit mit den Kindern trugen zu einer konstruktiven Zusammenarbeit bei.
Ich bedanke mich für die wunderbare Zusammenarbeit!

„Wenn Du ein Schiff bauen willst, dann trommle nicht Männer zusammen um Holz zu beschaffen, Aufgaben zu vergeben und die Arbeit einzuteilen, sondern lehre die Männer die Sehnsucht nach dem weiten, endlosen Meer."
Antoine de Saint-Exupery

Ich wünsche dir und den Kindern, die du einmal unterrichten wirst, eine unbegrenzte Sehnsucht nach Neuem.
(die Praxislehrerin)

You accepted help when planning your lessons and also actively asked for it by asking specific, pertinent questions.

Subject competence

In your preparation you made a selection from what was available and prepared it in a way which was suitable for children.
You always tried to structure your lessons, progressing from easier to more difficult tasks, and made your lessons interesting for the children.

Linguistic competence

You are able to adapt your vocabulary and also your intonation to the age of the children and to the situation. When you speak to the children it is mostly using correct standard language, you speak clearly and as loudly or as quietly as is necessary.

When you arrived in October, you found working with the children demanding and tiring. Motivating 24 first year pupils, satisfying their curiosity, finding out how far they could be pushed and being responsible for organising their schoolday appropriately is indeed a challenge! You gave me valuable help. The children accepted you at once. Due to the fact that you were so independent, I was able to stand back from time to time and observe the children. This was an enormous help for me. Since then we have made a great leap forwards, which you have been able to see for yourself. The children now soak up new things like a sponge and can learn new things by themselves.

In your work with the children you have shown that you have a range of competences, you have also improved existing ones and developed new ones. The reflection sessions after your lessons were always interesting and goal orientated. The capacity for self-criticism, the humorous way you dealt with little mishaps and your pleasure at working with children made our co-operation very constructive.

Thank you for the wonderful time together!

"If you want to build a ship, don't drum up people together to collect wood and don't assign them tasks and work, but rather teach them to long for the endless immensity of the sea."

Antoine de Saint-Exupéry.

I wish you, and the children you will teach one day, a limitless longing to experience new things.

(the school supervisor)

Literatur

Altrichter, H./Krainer, K. (1996). Wandel von Lehrerarbeit und Lehrerfortbildung. In: Krainer, Konrad/Posch, Peter (Hg.): Lehrerfortbildung zwischen Prozessen und Produkten (S. 33–51). Bad Heilbrunn: Klinkhardt.

Altrichter, H./Posch, P. (1990). Lehrer erforschen ihren Unterricht. Eine Einführung in die Methoden der Aktionsforschung. Bad Heilbrunn/Obb.: Julius Klinkhardt.

Altrichter, H./Lobenwein, W./Welte, H. (1997). PraktikerInnen als ForscherInnen. Forschung und Entwicklung durch Aktionsforschung. In: Friebertshäuser, B./Prengel, A. (Hg.): Handbuch Qualitative Forschungsmethoden in der Erziehungswissenschaft. Weinheim; München (Juventa) 1997, S. 640–660.

Barber, M, Mourshed, M. (2007). How the world`s best-performing school systems come on top, McKinsey & Company.

Bauer, J. (2007) Lob der Schule. Sieben Perspektiven für Schüler, Lehrer und Eltern. Hamburg: Hoffmann und Campe Verlag GmbH. 1. Auflage.

Bauer, J. (2008) Lob der Schule. Sieben Perspektiven für Schüler, Lehrer und Eltern. Hamburg: Hoffmann und Campe Verlag GmbH. 3. Auflage.

bm:bwk (2000). Aufgaben. Rechte. Pflichten. Leistungsbeurteilung in der Grundschule Punkt für Punkt. Folder. Wien Bundesministerium für Bildung, Wissenschaft und Kultur, Abteilung I/1 (Volksschulabteilung). http://www.bmbwk.gv.at/medienpool/5822/schulrecht3.pdf

Boulez, P. (2006). Die Furche. Nr.39 /28 September (S. 9). Graz: Druck Styria.

Cranach, M. von (1983). Über die bewusste Repräsentation handlungsbezogener Kognitionen. In: Montada, Leo (Hg.). Kognition und Handeln (S. 64–76). Stuttgart: Klett-Cotta.

Feindt, A. (2010). Kompetenzorientierter Unterricht – wie geht das? In: Feindt, A. et.al. Hrsg. (2010). Lehrerarbeit – Lehrer sein. Friedrich Jahresheft XXVIII 2010 (S. 85–89). Seelze: Klett Verlag.

Fischer, W. (2001). Pädagogische Führung in Kindergärten und anderen pädagogischen und sozialen Einrichtungen. Innsbruck: Studien Verlag.

Fischer-Epe M. (2011). Coaching: Miteinander Ziele erreichen. Reinbeck bei Hamburg: Rowohlt Verlag GmbH.

Foerster, H.v./**Glasersfeld**, E.v. (1999). Wie wir uns erfinden. Eine Autobiographie des radikalen Konstruktivismus. Heidelberg: Carl-Auer-Systeme.

Foerster, H.v./**Pörksen**, B. (2001). Wahrheit ist die Erfindung eines Lügners. Gespräche für Skeptiker. Heidelberg: Carl-Auer Verlag.

Gardner, H. (2002). Intelligenzen. Die Vielfalt des menschlichen Geistes. Stuttgart: Klett-Cotta.

Glasersfeld, E. von (1997). Wege des Wissens. Konstruktivistische Erkundungen durch unser Denken. Heidelberg: Carl Auer Systeme.

Grunder, H., Bohl, T. (Hrsg.). (2001). Neue Formen der Leistungsbeurteilung in den Sekundarstufen I und II. Hohengehren: Schneider Verlag.

Hascher, T./**Wepf**, L. (2007). Lerntagebücher im Praktikum von Lehramtsstudierenden. In: Empirische Pädagogik 21/2 (S. 101–118). Landau/Pfalz: Empirische Pädagogik e.V.

Herzog, S. (2010). Den Berufsalltag bewältigen – aber wie? Friedrich Jahresheft XXVIII 2010, 61–64. Seelze: Friedrich Verlag GmbH.

Karner, C. (2004). Lernberatung statt Beurteilung. Begleitete Selbsteinschätzung – ein möglicher Weg zu eigenständigen Leistungen im Lehrberuf. Marburg: Tectum Verlag.

Liessmann, K. (2006). Theorie der Unbildung. Die Irrtümer der Wissensgesellschaft. Wien: Paul Zsolnay Verlag.

Mayer, H., **Feindt**, A., **Fichten**, W. (2007). Skizze einer Theorie der Unterrichtsentwicklung. Friedrich Jahresheft XXV 2007, 111-115. Seelze: Friedrich Verlag GmbH.

Mayr, J. (2001). Ein Lehrerstudium beginnen? Journal für LehrerInnenbildung 1/2001. 1. Jahrgang, 88-97. Innsbruck: Studienverlag.

Scharmer, O. (2009).Theorie U. Von der Zukunft her führen. Heidelberg: Carl-Auer Verlag.

Schön, D. (1983). The Reflective Practitioner. New York: Basic Books.

Schratz, M. et.al. (2008). Domänen der Lehrer/innenprofessionalität. Rahmen einer kompetenzorientierten Lehrer/innenbildung. In: Kraler, C., Schratz, M. (Hrsg.) Wissen erwerben, Kompetenzen entwickeln. Modelle zur Kompetenzorientierten Lehrerbildung. (S. 123–137). Münster: Waxmann.

Whitaker, T. (2009). Was gute Lehrer anders machen. Weinheim und Basel: Beltz Verlag.

Winter, F. (2007) Neue Lernformen brauchen eine veränderte Leistungsbewertung! In: Heinrich, M., Prexl-Krausz (Hrsg.). Eigene Lernwege – Quo vadis? Eine Spurensuche nach „neuen Lernformen" in Schulpraxis und LehrerInnenbildung. (S. 35–56). Wien/Berlin: Lit.Verlag.